마법의 두루마리 7

고구려 국경 수비대의 첩자를 찾아라!

글 **강무홍** | 그림 **김종범**
감수 **여호규**

햇살과나무꾼

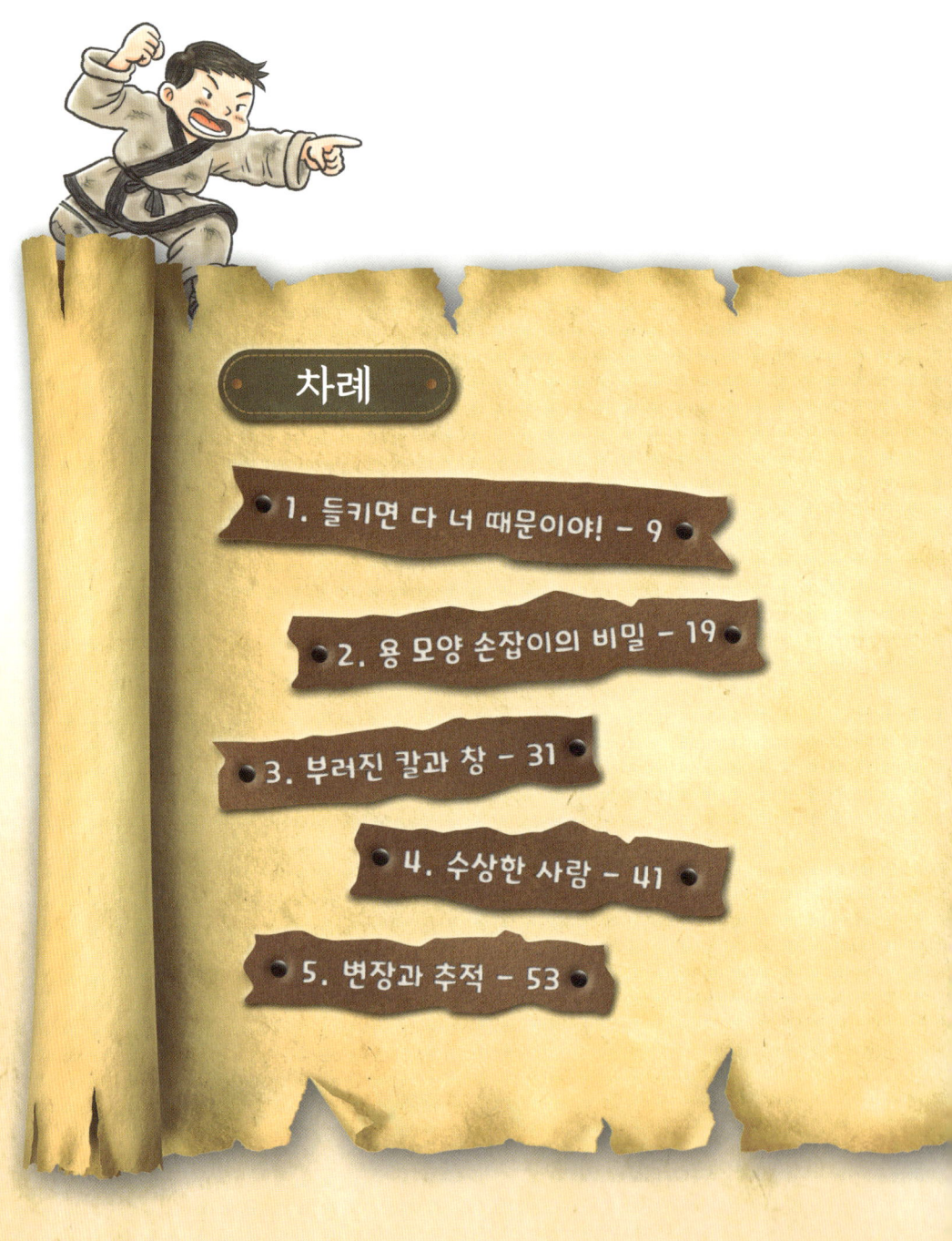

차례

- 1. 들키면 다 너 때문이야! – 9
- 2. 용 모양 손잡이의 비밀 – 19
- 3. 부러진 칼과 창 – 31
- 4. 수상한 사람 – 41
- 5. 변장과 추적 – 53

고구려 국경 수비대의 첩자를 찾아라!

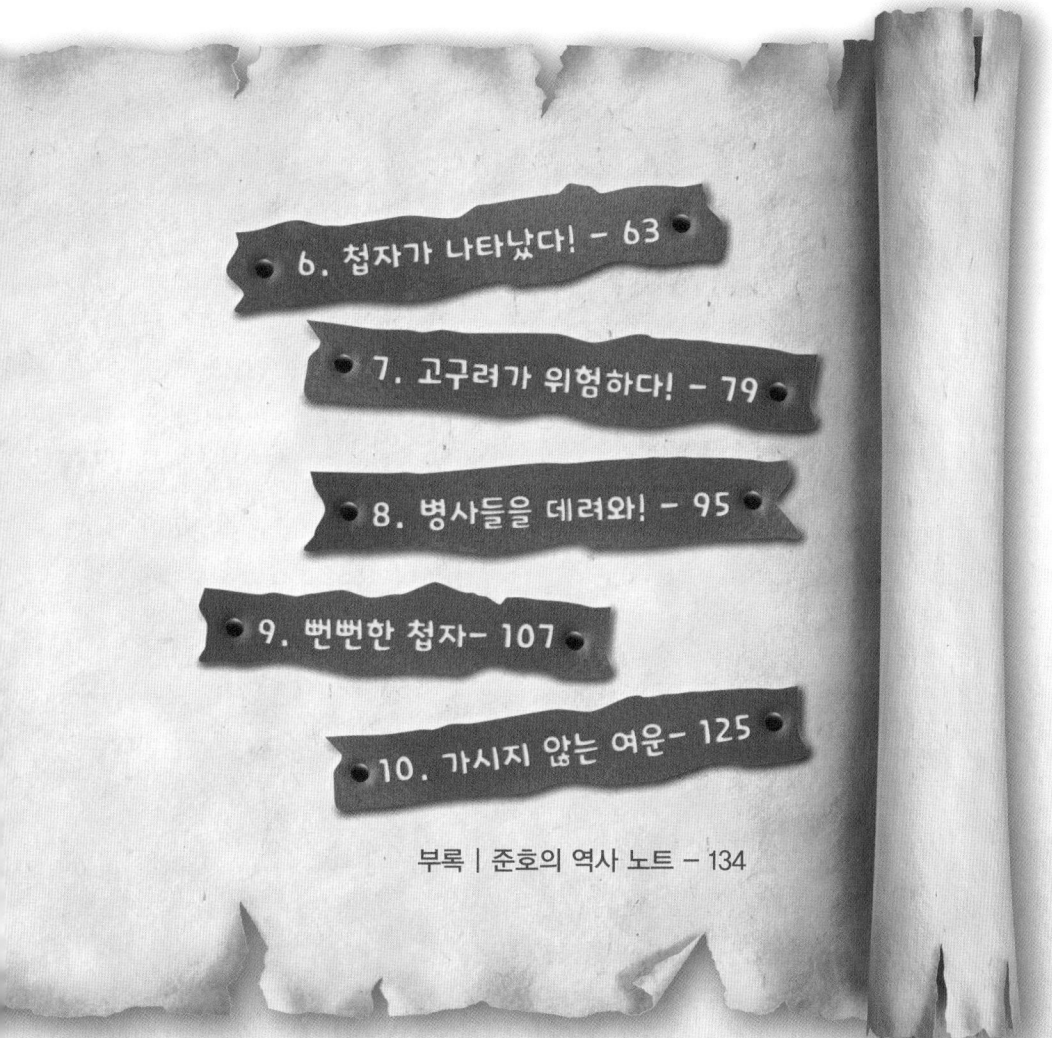

- 6. 첩자가 나타났다! - 63
- 7. 고구려가 위험하다! - 79
- 8. 병사들을 데려와! - 95
- 9. 뻔뻔한 첩자 - 107
- 10. 가시지 않는 여운 - 125

부록 | 준호의 역사 노트 - 134

마법의 두루마리를 펼치기 전에

 호기심 많은 형제 준호와 민호는 역사학자인 아빠를 따라 경주의 작은 마을로 이사를 간다. 새집 지하실에서 마법의 두루마리를 발견한 둘은 석기 시대, 고려 시대, 조선 시대 등 과거 속으로 여행을 떠난다. 이웃에 사진 수진도 준호와 민호의 비밀을 눈치채고 과거 여행을 함께 한다.
 그런데 사사건건 티격태격하는 민호와 수진 때문에 우여곡절 끝에 과거 여행을 마치고 돌아온 준호는 머릿속에 질문이 꼬리를 문다. 과거 여행에서 입었던 옷과 백제의 마을에서 선물 받은 말린 고기가 감쪽 같이 사라진 것이다. 이것도 두루마리의 마법일까? 두루마리에는 아직 알아내지 못한 비밀과 마법이 얼마나 더 숨어 있을까?

1. 들키면 다 너 때문이야!

"애들아, 수진이 왔다! 어서 일어나!"

준호와 민호는 늦잠을 자다 말고 눈을 번쩍 떴다.

뭐, 수진이?

둘은 귀를 의심했다. 도대체 이 아침에 무슨 일로 남의 집에 찾아온 걸까?

마루에서 엄마 목소리가 들려왔다.

"같이 숙제 하러 왔다고? 이렇게 일찍? 세상에, 부지런하기도 해라! 어서 들어와."

민호가 잠자리에서 벌떡 일어나 앉으며 투덜거렸다.

"어휴, 쟤 좀 봐! 아침부터 숙제는 무슨 숙제야!"

준호도 바지를 입으려고 눈을 비비며 일어났다.

그때 엄마가 반쯤 열려 있던 방문을 활짝 열어젖혔다.

"수진이 왔다니까, 안 일어나고 뭐하니? 어휴, 이런 이 잠꾸러기들!"

잇달아 엄마의 등 뒤로 밉살맞은 얼굴이 나타났다. 오동통한 뺨과 호기심에 가득 찬 초롱초롱한 눈. 수진이 엄마 뒤에서 고개를 빼꼼히 내밀고 방 안을 들여다보았다.

준호와 민호는 "앗!" 하고 놀라며 허겁지겁 홑이불을 뒤집어썼다.

"야, 보지 마! 나가!"

민호가 소리치자 수진이 혀를 날름 내밀더니, 고개를 쏙 빼고 사라졌다.

민호가 팬티 바람으로 씩씩대며 일어나 문을 쾅 닫았다. 엄마가 문 너머에서 소리쳤다.

"어서 나와! 아침 먹어야지."

그 말에 민호는 더욱 화가 났다. 보자 보자 하니까, 아직 아침도 안 먹었는데 찾아오다니!

준호가 불안한 눈으로 방문을 바라보며 말했다.

"아침부터 웬일이지? 엄마한테 엉뚱한 소리 하기 전에, 어서 나가 보자!"

준호는 수진이 아침부터 찾아온 것도 못마땅했지만, 무엇보다 엄마가 수상하게 생각할까 봐 걱정스러웠다. 마법의 두루마리에 관해 조금이라도 허튼소리를 했다가는 눈치 빠른 엄마한테 몽땅 들키고 말 것이다.

"서둘러!"

준호의 말에 민호가 투덜거렸다.

"으이그, 저 원수!"

준호와 민호가 옷을 입고 마루로 나가자, 수진이 큰 상 앞에 앉아 있었다. 상 위에는 수진이 들고 온 여름 방학 과제물이 놓여 있었다.

엄마가 부엌에서 오미자주스와 포도를 들고 나왔다.

"우리 민호랑 그새 이렇게 친해지다니, 아줌마가 기분이 너무 좋은데? 둘 다 2학년이라서 그런가? 하긴 수진이는 착하고 싹싹하니까, 누구하고든 금방 친해지겠구나. 수진이는 친구도 많지?"

"네."

수진이 고개를 살짝 숙이고 다소곳이 대답했다.

민호와 준호는 어이가 없었다. 어쩜 저렇게 뻔뻔스러울 수가? 누가 보면 깜빡 속아 넘어가서 너무너무 얌전한 아이인 줄 알 것이다.

엄마가 귀엽다는 듯 호호 웃으며 말했다.

"그래, 우리 민호도 잘 부탁해. 이사 온 지 얼마 안 돼서, 수진이가 이것저것 가르쳐 줘야 할 거야."

수진이 포도 한 알을 따서 입에 넣고 오물거리며 고개를 까딱거렸다. 뭐, 부탁하시니까 신경 쓸게요, 하듯이.

민호는 기가 막혀서 말이 안 나왔다. 친하기는 누가 누구랑 친하다고! 더구나 잘 부탁한다니, 누구한테 할 소리!

민호가 버럭 소리쳤다.

"엄마!"

"아이고, 깜짝이야! 귀청 떨어지겠다, 애!"

엄마가 화들짝 놀라며 돌아보았다. 준호도 놀라서 민호의 옆구리를 쿡 찔렀다.

'무슨 말을 하려는 거야?'

준호가 눈짓으로 주의를 주었다. 엄마는 눈치가 100단이었다. 자칫 엉뚱한 소리라도 내뱉었다가는 무슨 의심을 살지 몰랐다.

　민호는 마음속에 있는 말들을 참느라 답답해서 가슴이 터질 것 같았다.

　"수진이는 방학인데, 어디 놀러 안 가니?"

　준호가 속이 타는 표정으로 수진을 바라보았다. 무슨 말이 튀어나올지 조마조마했다.

　수진이 준호와 민호를 힐끗 보고는 씩 웃었다.

　"가죠, 당연히! 아주아주 신나는 곳으로요!"

　준호는 가슴이 철렁했다.

　"신나는 곳? 어딘데?"

　엄마가 묻자 수진이 생긋 웃으며 "비밀이에요." 하고 대답했다. 준호와 민호는 속이 부글부글 끓었다.

　다행히 엄마는 '비밀'이라는 말에 오호호호 웃음을 터뜨렸다.

　"아유, 어쩜 이렇게 말도 잘할까? 아줌마도 수진이 같은 딸 하나만 있으면 좋겠다!"

엄마는 귀여워서 죽겠다는 표정으로 수진을 요리조리 뜯어보았다. 수진의 얼굴에 구멍이 뚫릴까 걱정스러울 지경이었다.

준호는 안도의 한숨을 내쉬었지만, 민호는 콧구멍을 벌렁거리며 거친 숨을 내뿜었다. 엄마가 너무 한심했다. 저런 여우 같은 아이한테 홀라당 넘어가다니.

"그래, 그럼 준호랑 민호랑 같이 아침 먹고 숙제하고 있어. 아줌마는 나눔 장터가 있어서 좀 나갔다 와야 할 거 같구나."

수진이 눈을 반짝이며 대답했다.

"네, 걱정 말고 다녀오세요."

엄마가 싱긋 웃으며 수진의 뺨을 톡 치고는 준호와 민호에게 일렀다.

"부엌에 밥 차려 뒀으니까, 먹고 나서 설거지 좀 해. 그릇에 밥풀이 말라붙을 때까지 놔두지 말고."

준호가 "네." 하고 대답하자 엄마가 덧붙였다.

"부엌에 옥수수랑 감자랑 삶아 뒀으니까 찾아서 먹어. 옥수수 껍질은 앞마당 구석에 널어 두고. 볕에 바짝 마르게. 알겠니?"

민호는 시큰둥하게 고개를 끄덕였다. 엄마가 수진에게는 상냥한 말만 골라서 하더니, 자기들한테는 이거 해라 저거 해라 잔소리만 실컷 늘어놓는 것 같아 기분이 좋지 않았다.

준호는 민호 몫까지 끄덕이느라 고개가 떨어져 나갈 것 같았다.

"숙제만 하지 말고, 밖에도 좀 나가 놀아. 집, 너무 어지르지 말고. 알았지?"

준호는 얼른 "네." 하고 대답하며 민호의 옆구리를 쿡 찔렀다.

"안녕히 다녀오세요!"

민호는 부루퉁한 얼굴로 인사하고는 엄마 등 뒤에 대고 입을 삐죽였다. 그러고는 엄마가 현관문을 나서기가 무섭게 수진에게 난리를 쳤다.

"야, 아침부터 찾아오면 어떡해! 우리 엄마가 얼마나 눈치가 빠른데. 들키면 다 너 때문이야!"

수진이 조금 전의 다소곳한 모습을 벗어던지고 다다다 소리쳤다.

"아, 미안, 미안. 하지만 도저히 기다릴 수가 없었어. 너네 엄마가 언제 나가실지 어떻게 알아? 어젯밤에 밤새도록 생각해 봤는데, 궁금한 게 한두 가지가 아니야. 그 마법의 두루마리가……."

수진의 말에 준호가 쉿 하고 주의를 주었다.

"조용히 해, 엄마한테 다 들리겠다!"

그러자 수진이 눈짓으로 지하실을 가리켰다.

'그럼 내려가서 얘기할까?'

다음 순간 세 아이는 앞다투어 지하실로 달려갔다. 준호와 수진은 도둑고양이처럼 조용히, 민호는 코뿔소처럼 쿵쿵거리면서.

2. 용 모양 손잡이의 비밀

지하실 골방 앞에는 여전히 책들이 잔뜩 쌓여 있었다. 그 너머에 낡아 빠진 문이 감쪽같이 숨어 있었다.

수진은 준호와 민호의 뒤를 따라 책 더미 사이의 좁은 틈으로 들어가면서 골방 문에 달린 용 모양 손잡이를 힐끗 보았다. 아무리 봐도 낯이 익었다. 어디서 보았을까? 수진은 골방으로 들어가는 좁은 통로를 조심조심 게걸음으로 지나가며, 실눈을 뜨고 기억을 더듬었다.

골방 구석에는 수진의 짐 보따리가 그대로 놓여 있었다. 수진은 그 보따리를 보며 씩 웃었다. 그러고는 골방 문을 닫자마자 이야기를 쏟아 놓았다.

"있잖아, 저 두루마리들 말이야, 혹시 그 할아버지 거 아닐까? 이 집에 살다가 온데간데없이 사라져 버린 그 괴짜 할아버지 말이야."

민호가 펄쩍 뛰었다.

"무슨 뚱딴지 같은 소리야, 이건 우리 거라니까! 우리 형이랑 내가 발견한 거란 말이야, 여기서!"

민호 말이 틀린 건 아니었다. 하지만 수진이 한 말은 그 얘기가 아니었다. 두루마리의 원래 임자가 누구냐는 뜻이었다. 누구기에, 도대체 무슨 사연이 있기에 아무도 모르게 이 지하실 골방에 마법의 두루마리를 숨겨 둔 걸까? 수진은 그 점이 궁금했다.

"내 말은, 여긴 원래 그 할아버지네 집이었잖아. 그러니까 두루마리는 그 할아버지 것인지도 모른다는 거야."

민호는 수진의 속셈이 의심스러웠다. 하지만 준호는 수진의 말에 수긍이 갔다. 과거 여행에 빠져 잠시 접어 두긴 했지만, 준호도 마법의 두루마리의 주인이 궁금했다.

준호가 고개를 끄덕이자 수진은 용기를 얻었다.

"아마 그 할아버지도 우리처럼 과거 여행을 했을 거야. 우리보다 먼저! 이 두루마리들을 여기에 숨겨 놓고서."

민호가 말도 안 된다는 듯이 소리쳤다.

"야, 엉뚱한 소리 좀 그만해! 네가 봤어? 보지도 않았으면서 어떻게 알아?"

수진이 대꾸했다.

"꼭 봐야 아는 건 아니지. 어쩜 과거에서 그 할아버지를 만날 수도 있지 않을까?"

준호는 놀라서 수진을 바라보았다.

그렇다면 그 할아버지는 과거 어딘가에 갇혀 있을지도 모른다. 할아버지가 사라진 것도 정말 과거에 갇혔기 때문인 걸까? 그렇다면 할아버지는 지금 과거 어디쯤에 있는 걸까?

준호가 아빠처럼 팔짱을 끼고 수진에게 물었다.

"너, 그 할아버지 본 적 있어?"

"응, 가끔 엄마 아빠 심부름으로 여기 왔거든."

수진이 대답하자 민호가 깜짝 놀라 되물었다.

"뭐? 그 할아버지를 봤다고? 네가?"

"그 할아버지를 마지막으로 본 게 언제쯤이야?"

준호가 묻자 수진이 기억을 더듬었다.

"음, 할아버지가 사라지기 보름쯤 전이었어. 그날도 엄마 심부름으로 여기 왔는데……."

수진은 거기까지 말하고 느닷없이 말을 멈추었다.

"왔는데, 뭐?"

민호가 재촉했지만, 수진은 입을 꾹 다문 채 아무 말도 하지 않았다. 그러다가 갑자기 두 손으로 머리를 감싸 쥐고 눈을 마구 굴리더니, 마침내 골방 책상을 쾅 하고 내리쳤다.

"맞아!"

준호와 민호는 화들짝 놀랐다.

"그 할아버지 거야! 틀림없어."

수진이 눈을 번뜩이며 소리쳤다. 드디어 골방 문손잡이에 새겨진 용을 어디서 보았는지 생각난 것이다!

 지난해 가을, 이 집에 살던 그 괴짜 역사학자 할아버지가 행방불명되기 보름쯤 전이었다. 수진은 엄마 심부름으로 호박죽을 갖다 드리려고 할아버지 댁에 왔다. 현관문을 두드리자 안에서 딱딱 하고 무엇인가가 바닥에 부딪히는 소리가 나더니, 할아버지가 문을 열어 주었다. 할아버지는 지팡이를 짚고 있었다. 딱딱거리는 소리는 할아버지가 마루에서 지팡이를 짚는 소리였던 모양이었다. 수진은 '이 할아버지는 집 안에서도 지팡이를 짚고 다니시네?' 하고 생각했다.

 할아버지는 수진을 보고 잠시 머뭇거리더니, 현관 벽에 지팡이를 세워 놓고 죽 그릇을 받아 들었다. 그러고는 "그릇 비워 줄 테니 잠시 기다려라." 하며 안으로 들어갔다.

 수진은 할아버지가 세워 둔 지팡이를 보았다. 왠지 이상한 느낌이 들었다. 손잡이 부분에 용의 머리 모양이 새

겨져 있었는데, 꼭 살아 있는 용이 자신을 쏘아보는 것 같았다. 그 모습이 너무 섬뜩해서, 수진은 무심코 두어 걸음 물러섰다.

"입을 벌리고 나를 노려보고 있었어! 얼마나 기분이 나쁘던지! 그때 그 지팡이에서 봤던 용이 틀림없어. 크기가 조금 다르긴 하지만 골방 문손잡이에서 봤던 용이랑 모양이 똑같아!"

하지만 민호는 수진의 속셈이 의심스러웠다.

"그게 뭐가 이상해? 여긴 원래 그 할아버지네 집이었으니까, 같은 모양으로 지팡이도 만들고 문손잡이도 만들었나 보지 뭐."

민호가 부루퉁하게 말하자 수진이 대꾸했다.

"하지만 용머리 모양 장식이 흔한 건 아니잖아. 평소에는 별로 못 보는 건데, 왜 할아버지 지팡이에도 있고, 지하실 골방 문손잡이에도 있냐고."

이번에는 민호도 할 말이 없었다. 듣고 보니 확실히 이상한 일이었다.

준호가 생각에 잠긴 얼굴로 말했다.

"그래, 좀 이상해. 왜 하필 보기 드문 용머리 모양 손잡이에다, 용머리 모양 지팡이일까? 이 용에 뭔가 비밀이 있는 게 아닐까?"

"비밀?"

민호는 귀가 솔깃해 되물었다.

"마법의 세계를 표시한다거나 그런 거 말이야. 혹시 다른 데서는 용머리 모양을 본 적 없어? 잘 생각해 봐."

준호의 물음에 수진은 곰곰 생각에 잠겼다. 하지만 더는 생각나는 것이 없었다. 수진이 고개를 젓자 준호는 실망스러운 눈빛으로 두루마리들을 바라보았다. 그 순간 불현듯 뭔가가 떠올랐다.

팻말! 글자 같은 것이 새겨진 것처럼 오돌토돌하던 팻말의 촉감이 섬광처럼 뇌리를 스쳤다. 준호는 허겁지겁 두루마리 끈에 달린 팻말을 손가락 끝으로 더듬어 보았다. 그러고는 팻말을 눈앞에 바짝 갖다 대고 들여다보았다.

준호의 눈이 휘둥그레졌다. 머리의 뿔과 쩍 벌린 입, 튀어나올 것처럼 둥근 눈. 팻말에 오돌토돌하게 새겨져 있던 것은, 글자가 아니라 바로 용의 머리였다!

준호는 소름이 쫙 끼쳤다.

"얘들아, 여기 좀 봐. 여기도 용이 새겨져 있어. 이게 눈, 이게 입……."

준호가 두루마리의 팻말을 보여 주자, 수진이 냉큼 가져가서 들여다보았다.

"앗, 진짜네! 용 머리야! 이 두루마리에도 용 머리가 똑같이 새겨져 있어. 그렇다면!"

수진이 깜짝 놀라서 소리치자 준호가 말했다.

"이 용은 '마법'의 표시가 아닐까? 가령 지하실이 마법이 통하는 세계라면, 할아버지는 마법사이고 두루마리는 마법의 두루마리고……."

"어디, 어디, 나도 봐!"

민호가 두루마리를 낚아채려고 손을 뻗었다. 그러다가 그만 두루마리의 끈을 잡아당기고 말았다.

"야, 조심해!"

준호가 소리쳤다.

하지만 이미 늦었다. 끈이 풀리며 펼쳐진 두루마리가 푸른빛을 내뿜으며 허공으로 둥실 떠올랐다.

"으아아아아악!"

아이들은 비명을 지르며 눈이 멀 듯한 푸른빛과 함께 홀연히 사라졌다.

지하실 골방은 다시 고요한 침묵에 휩싸였다.

3. 부러진 칼과 창

"여긴 어디지?"

세 아이는 어둠 속을 두리번거리며 주위를 살폈다. 어디선가 어슴푸레하게 빛이 새어 들고 있었다. 널빤지를 덧댄 문과 문틀 사이로 희미하게 빛이 들어왔다. 그 빛에 문 옆에 뭔가가 수북이 쌓여 있는 것이 보였다.

"형, 저게 뭐지?"

민호가 묻자 준호가 쉿 하고 주의를 주었다.

살금살금 다가가 보니 옷 더미였다.

"어우, 냄새!"

수진이 무심코 옷가지를 집어 들었다가 얼굴을 찡그리

며 고개를 돌렸다. 때와 땀에 전 옷가지가 고약한 냄새를 풍겼다. 누군가 빨려고 모아 둔 빨랫감 같았다.

민호도 옷가지를 들고 킁킁 냄새를 맡아 보더니, 오만상을 찡그리며 코를 움켜쥐었다.

"으윽, 고린내! 까무러칠 것 같아!"

준호가 다시 쉿 하고 주의를 주고는 재빨리 말했다.

"호들갑 떨지 말고 두루마리와 모래시계부터 찾아야지, 어서!"

수진과 민호는 코를 붙잡고 두루마리와 모래시계를 찾아 어둠 속을 두리번거렸다. 준호도 눈을 부릅뜨고 주위를 살폈다.

"저기 있다!"

수진이 소리쳤다. 옷 더미에서 조금 떨어진 곳에 나무 궤짝 같은 것들이 놓여 있었는데, 그 앞에 두루마리와 모래시계가 나란히 떨어져 있었다.

준호와 민호는 잽싸게 달려가 두루마리와 모래시계를

집어 들었다. 그 순간 문틈으로 들이친 햇빛에 뭔가가 반짝 하고 빛났다.

"어, 저게 뭐지?"

민호가 주머니에 모래시계를 집어넣으며 물었다. 궤짝 부근에 뭔가가 쌓여 있었다.

"정말, 저게 뭐지?"

수진도 궤짝 옆에서 반짝이는 물체에 눈길을 주며 중얼거렸다.

준호는 눈을 크게 떴다. 두루마리와 모래시계가 떨어져 있던 곳 부근에는 놀랍게도 부러진 창과 칼 따위가 쌓여 있었다. 그 부근의 벽에는 기다란 창들이 주르륵 늘어서 있었는데, 수리를 하거나 버리기 위해 모아 둔 것인지 하나같이 낡고 헐어 보였다.

준호는 겁이 덜컥 났다. 혹시 위험한 곳에 오게 된 건 아닐까?

자세히 보니 안쪽 벽에는 망태기, 삽, 가래, 호미 같은 갖가지 농기구들이 놓여 있었고, 또 다른 벽에는 나무와 쇠로 만든 망가진 수레바퀴들이 으스스하게 늘어서 있었다.

"여긴 곳간인가 보다."

준호는 숨을 죽인 채 나지막이 중얼거렸다.

"곳간? 곳간이 뭐야?"

민호가 묻자 준호가 대답했다.

"창고야. 옛날 창고."

"정말?"

민호와 수진이 눈을 반짝이며 대꾸했다. 둘 다 지금 당장이라도 곳간을 뒤지고 싶은 눈치였다.

하지만 준호는 부러진 칼과 창이 마음에 걸렸다. 과연 이곳은 어디일까? 도대체 어디이기에 칼과 창 같은 무기들이 쌓여 있는 것일까?

준호는 불안한 마음으로 두루마리를 펼쳐 보았다. 두루마리의 왼쪽 지도는 지난번 백제에 갔을 때와 마찬가지로 한반도가 크게 셋으로 나뉘어 있었다. 아마 이번에도 삼국 시대에 온 모양이었다. 거기에 북쪽 중국 땅 부근, 그러니까 북쪽 경계선 부근에 둥근 점이 찍혀 있는 것으로 보아 이곳은 고구려인 것 같았다.

준호는 재빨리 오른쪽의 큰 지도를 훑어보았다. 산등성이를 따라 성곽이 표시되어 있고, 성곽 중간중간에 성문 표시가 있었다. 성곽 안쪽에는 우물 모양의 그림과 논밭, 집 모양의 그림, 깃발이 꽂힌 병영 같은 것이 그려져 있었다. 아마도 고구려 국경* 부근의 성을 그린 지도 같았다.

"히야!"

준호가 열심히 지도를 들여다보는 사이에 민호와 수진

* 고구려 국경

한반도 북쪽에 있던 고구려는 남으로는 신라와 백제, 북으로는 중국의 여러 나라와 국경을 맞대고 있었다. 고구려 영토가 가장 넓었던 5세기에는 동북아시아의 만주 중남부 일대가 모두 고구려의 영토였다.

◀ 5세기의 고구려 영토

은 말소리를 죽인 채 곳간 구석구석을 살펴보았다.

"이것 봐, 부러진 칼도 있어!"

수진이 짧은 칼을 들고 나지막이 소리치자, 민호는 어디서 주웠는지 찌그러진 투구를 머리에 쓰고 키득거렸다.

"나 좀 봐! 투구야!"

고물 수집가인 민호와 호기심 많은 수진에게 이곳은 보물 창고나 다름없었다. 옷가지와 부러진 삽자루 말고도 땔감, 새끼줄, 항아리, 양옆에 뿔이 달린 찌그러진 투구, 비늘 갑옷, 안장, 발걸이, 활, 부러진 화살, 쇠못 신발 등 수진과 민호가 눈독을 들일 만한 것들이 잔뜩 있었다.

수진과 민호는 비어져 나오는 웃음을 참지 못한 채 부러진 칼을 들고 폼을 잡았다. 그러고는 진짜 병사들처럼 칼싸움하는 시늉을 하다가, 그만 수진이 놋쇠 더미에 칼을 떨어뜨리고 말았다.

쨍그랑!

곳간 안에 날카로운 쇳소리가 울리자, 준호가 놀라서 돌아보았다.

"쉿, 여긴 고구려 군대가 있는 곳 같아! 조심해야 돼!"

"고구려 군대? 우와, 그럼 고구려 병사들을 만날 수도 있겠네?"

민호가 들떠서 소리치자, 수진도 덩달아 기뻐했다.

"그럼 진짜 칼싸움도 구경할 수 있겠다!"

그 순간 준호가 "쉿!" 하고 수진의 입을 틀어막았다. 그리고 궤짝 뒤로 재빨리 몸을 숨겼다. 밖에서 누군가 곳간 쪽으로 다가오고 있었다. 민호도 얼른 궤짝 뒤로 숨었다.

잠시 뒤, 끼이익 하고 낡은 나무 문이 열리더니 누군가가 곳간 안으로 살그머니 들어섰다. 준호와 민호와 수진은 그 자리에 얼어붙은 채, 문 옆에 그림자처럼 달라붙어 꼼짝도 않는 사내를 바라보았다.

4. 수상한 사람

곧 탁탁탁탁 하는 발소리, "저쪽으로!" 하는 고함 소리, "백두*님께 알려!" 하는 소리가 소란스럽게 들려왔다.

곳간으로 들어온 사내는 동작이 날렵했다. 뭔가 비밀스러운 일을 꾸미고 있는지, 벽에 붙어서 고개만 살짝 내밀고 밖의 동정을 살폈다.

아이들은 숨을 죽인 채 낯선 사내를 지켜보았다. 그때 곳간 밖에서 말소리가 들렸다.

---

* 백두(百頭)
'100명을 거느리는 우두머리'라는 뜻으로, 군대를 지휘하던 하급 무관이나 성곽 축조 책임자 등의 명칭으로 사용되었다.

"이쪽이 맞나? 확실해?"

누군가가 묻는 말에 부하인 듯한 사람이 대꾸했다.

"분명히 이쪽으로 간 것 같았는데……. 옷차림도 이상하고, 기웃거리는 품새가 여간 수상한 게 아니었어요."

"하지만 아무도 안 보이잖아."

한 무리의 사람들이 곳간 주변을 뒤지는지 부산스러운 발소리가 들려왔다.

"자네, 정말로 본 건가? 혹시 헛것을 본 건 아니겠지?"

우두머리가 엄하게 묻자 부하가 머뭇머뭇 대답했다.

"글쎄, 그게 잠시 한눈을 팔다가 본 거라서……."

우두머리 사내가 호통을 쳤다.

"예끼! 국경 수비대에서 한눈이 웬 말인가! 만에 하나 적의 첩자라도 잠입하면, 병사들과 백성들이 어찌 될지 몰라서 그러나? 가뜩이나 추수가 끝나면 선비족이 쳐들어와 전쟁*이 터질지도 모른다는 소문이 도는데, 도대체 백성들이 누구를 믿고 농사를 짓겠나!"

준호는 '선비족'이라는 말이 귀에 걸렸다. 선비족이라면 고대 북아시아에 살던 유목 민족 가운데 하나로, 요동 일대를 놓고 고구려와 여러 차례 싸운 적이 있었다. 그렇다

---

* 전쟁

옛날에 농사를 짓는 나라들은 보통 농사철에 전쟁을 벌이지 않았다. 농사철에 전쟁이 터져 장정들이 전쟁터에 나가면 일손이 달려 농사를 제대로 지을 수 없었기 때문이다. 그래서 대부분의 전쟁은 추수가 끝난 뒤에 시작되어 초겨울 무렵에 끝났다. 한겨울은 먹을 것이 부족한 데다 추워서 제대로 싸울 수 없었기 때문에 전쟁을 피했다.

면 이곳은 선비족이 곧잘 침입했다던 요동* 부근일까?

'설마…….'

준호는 불길한 느낌을 떨쳐 내려고 고개를 저었다.

사내는 여전히 벽에 그림자처럼 달라붙은 채 바깥에서 벌어지는 일에 신경을 곤두세우고 있었다.

수진이 준호의 옷자락을 잡아당기며 고갯짓으로 사내를 가리켰다. '혹시 저 사람을 찾는 게 아닐까?'라는 뜻 같았다. 준호는 입술에 손가락을 갖다 댔다.

'쉿.'

수진의 말대로 바깥에 있는 사람들, 그러니까 고구려 병사인 듯한 사람들은 누군가를 찾고 있었다. 그리고 그들

* 요동

요동반도와 요동성 일대는 중국과 한반도를 잇는 요충지였기 때문에, 고구려는 중국의 왕조들과 요동 지방을 놓고 끊임없이 전쟁을 벌였다. 특히 요동성은 침략을 방어하기 위한 중심 성곽으로, 평지에 있었지만 성벽이 높고 튼튼하며 군사력이 강해 405년 후연의 침입 및 612년과 613년 수나라의 침입에도 함락되지 않았다.

이 찾는 사람은 방금 곳간으로 숨어 들어온, 문간 벽에 달라붙어 병사들을 엿보고 있는 저 수상쩍은 사내인지도 몰랐다.

준호는 두루마리를 움켜쥔 채 침을 꿀꺽 삼켰다. 만약 고구려 병사들이 저 사내를 찾기 위해 곳간으로 들이닥친다면 어떻게 될까? 사내는 물론이고, 자신들도 위험해질 수 있었다. 고구려 병사들에게는 저 사내나 자신들이나 낯선 침입자이기는 마찬가지였다.

준호는 사내를 뚫어지게 바라보았다. 저 사내는 도대체 누구일까? 무엇 때문에 저곳에 숨어 밖을 엿보고 있는 걸까? 고구려 병사들의 말대로 선비족의 첩자인 걸까? 준호는 머리가 복잡했다.

그때였다. 덜컹 하고 곳간 문을 밀치는 소리가 나더니 젊은 병사의 목소리가 들려왔다.

"이 곳간을 뒤져 볼까요?"

순간 사내가 품에서 뭔가를 꺼냈다. 문틈으로 들이친 빛에 사내의 손에 들린 물체가 날카롭게 반짝였다.

'앗, 저건!'

준호는 머리카락이 쭈뼛 섰다. 수진과 민호도 놀라서 손으로 입을 가렸다. 비명이 새어 나올까 봐 스스로 입을 틀어막은 것이다.

사내의 손에서 반짝이는 것은 바로 단검이었다.

"첩자가 왜 곳간을 염탐하겠나? 무기고나 막사라면 모를까."

"아, 그렇군요. 제 생각이 짧았습니다."

"무기고와 막사부터 뒤져 보세!"

바깥에서 소리가 잦아들자, 사내는 재빨리 벽에서 떨어져 문틈으로 병사들이 사라지는 모습을 지켜보았다. 그러고는 곳간 안을 두리번거렸다. 뭔가를 찾는 것 같았다.

셋은 숨을 죽인 채 서로를 바라보았다. 모두 겁에 질려 있었다.

사내는 문 옆에 쌓인 수북한 옷 더미를 발견하고는, 입고 있던 옷을 훌훌 벗어 던지고 그 냄새나는 옷으로 갈아입었다.

민호는 생각만 해도 머리가 핑 돌았다. 맙소사, 저 냄새나는 옷을! 수진도 얼굴을 찡그리고 사내를 보았다.

머리에 검은 두건을 쓰고 허리띠까지 매자, 사내는 텔레비전이나 책에서 보던 고구려 사람의 차림새*로 감쪽같이 변했다.

사내는 팔을 들고 윗옷 자락 사이로 단검을 집어넣었다. 그러자 문틈으로 들이친 햇빛에 윗옷의 찢어진 자락이 보였다. 수진은 그 찢어진 윗옷 자락을 유심히 보았다.

* **고구려 사람의 차림새**
고구려 평민 남자들은 보통 머리에 검은 두건을 쓰고, 엉덩이까지 내려오는 저고리를 입고 허리띠를 둘렀다. 평민 여자는 저고리에 바지나 치마를 입었다. 바지와 치마는 신분에 따라 통, 색, 길이가 달랐는데 귀족은 통이 넓은 것을 입고 서민은 통이 좁은 것을 입었다. 또한 서민들은 주로 삼베로 옷을 지어 입고 귀족들은 비단옷이나 가죽옷을 입었다. 이러한 차림새는 고구려, 신라, 백제 모두 비슷했다.

이윽고 사내가 문으로 다가가 바깥을 엿보았다.

'이제 저 문으로 나가려는 걸까?'

준호는 숨을 가다듬고 고개를 살짝 쳐들었다.

바로 그때 사내가 느닷없이 아이들 쪽으로 돌아섰다. 준호는 깜짝 놀라 몸을 숙였다.

혹시 아이들의 낌새를 눈치챈 걸까. 사내가 어둠 속을 노려보며 아이들 쪽으로 한 발, 한 발 천천히 다가왔다. 셋은 숨도 쉬지 못한 채 궤짝 뒤에 찰싹 달라붙었다.

사내와 아이들 사이의 거리는 불과 예닐곱 발짝. 사내는 그곳에서 우뚝 멈추어 서더니, 몸을 숙인 채 어둠 속을 이리저리 살폈다. 잡동사니들을 뒤적거리던 사내는 찾는 것이 없는지 고개를 갸웃거리고는 다시 아이들 쪽으로 서너 걸음 다가왔다. 아이들은 속으로 비명을 지르며 궤짝에 더욱더 달라붙었다.

'하느님, 부처님, 살려 주세요!'

사내가 코앞까지 왔을 무렵, 셋은 모든 것을 운명에 맡기고 눈을 질끈 감았다.

사내는 아이들이 숨어 있는 궤짝 바로 너머에서 걸음을 멈추었다. 그러고는 벽에 기대 있던 기다란 창들을 치우고 뭔가를 집어 들었다. 사내가 만족스러운 듯 어둠 속에서 나지막이 웃었다. 아마도 찾던 것을 발견한 모양이었다.

준호는 겁에 질려 있었지만, 사내가 찾은 것이 무엇인지 놓치지 않고 살펴보았다. 어두워서 잘 보이지는 않았지만, 작은 두루마리 같았다.

준호는 무심코 자신이 갖고 있는 두루마리를 보았다. 사내가 찾은 것은 혹시 이 두루마리처럼 지도*가 아닐까?

사내는 두루마리를 품에 넣고, 곳간 문 쪽으로 다가갔다. 문을 열고 잠시 바깥을 살피는가 싶던 사내는 곧 찢어진 윗옷 자락을 펄럭거리며 환한 햇빛 속으로 사라졌다. 곳간으로 들어올 때 그랬듯이, 그림자처럼 소리 없이.

"후유!"

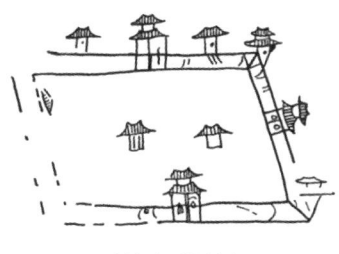

▲ 약수리 고분 성곽도

* 지도

고구려는 천문학이 발달하여 일찍부터 지도를 만들었다. 4~5세기의 고구려 무덤 벽화에서 볼 수 있는 요동성 성곽도와 약수리 성곽도에는 성의 지형과 구조, 도로, 누각, 기와집, 민가 등이 그려져 있다. 또 산과 하천과 개울 등이 여러 색으로 그려져 있다. 조선 시대 지도에도 비슷한 기법이 나타나는 것으로 보아, 당시의 기법이 조선 시대까지 전해졌음을 알 수 있다.

준호와 민호와 수진은 맥이 탁 풀렸다. 그러자 온몸이 후들후들 떨리고, 등에서 식은땀이 흘렀다.

5. 변장과 추적

한동안 세 아이는 죽은 듯이 앉아 있었다. 고구려 병사들을 피해 그림자처럼 숨어들던 사내의 모습, 단검을 뽑아 든 모습과 두루마리 지도 같은 것을 챙겨 고구려 사람의 옷으로 갈아입고 사라지던 모습에서 뭔가 심상찮은 기운이 느껴졌다.

"형, 저 사람 수상해. 쫓아가 보자!"

민호가 그새 기운을 차리고 소리쳤다.

수진도 나섰다.

"그래, 쫓아가자! 아까 숨어 있던 것도, 옷을 바꿔 입은 것도 너무 수상해!"

준호는 단검을 뽑아 들 때 함께 번뜩이던 사내의 싸늘한 눈빛이 떠올라 아직도 가슴이 벌렁거렸다. 이 낯선 과거에서 대체 누가 누굴 쫓아간단 말인가? 사내한테 발각되는 것도 문제지만, 고구려 병사들 눈에 잘못 띄었다가는 자신들이 선비족의 첩자*로 몰릴 수도 있었다.

"빨리! 이러다 놓치겠어!"

수진과 민호가 재촉했다.

준호는 끄응 하고 몸을 일으켰다. 어쨌든 여기에 계속 숨어 있을 수도 없었다. 무엇보다 그 사내가 첩자가 맞다면, 고구려 병사들에게 알려야 하지 않을까? 하지만 무슨 수로?

---

* **첩자**

교통과 통신이 발달되지 않았던 시대에 첩자는 중요한 역할을 했다. 첩자는 상대 국가에 들어가 정보를 몰래 빼내거나 그 나라를 혼란에 빠뜨리기 위해 파견했다. 삼국 시대 첩자에 관한 일화로 고구려 승려 '도림'의 이야기가 전해진다. 고구려 장수왕의 명을 받은 도림은 백제 개로왕을 부추겨 성과 궁을 쌓는 공사를 무리하게 벌이게 했다. 이 공사 때문에 백제는 나라의 곳간이 비고 백성이 굶주리게 되어, 고구려 장수왕이 쳐들어왔을 때 힘 한 번 못 써 보고 도읍인 한성(지금의 서울 송파구)을 고구려에 내주고 말았다.

준호는 한숨을 내쉬었다. 그리고 자리에서 일어나 잠시 밖을 엿보고 나서 말했다.

"쫓아가는 건 너무 위험하니까 어디로 갔는지만 확인하고, 고구려 병사들한테 알릴 방법을 찾아보자."

민호와 수진이 들뜬 목소리로 대답했다.

"좋아, 좋아!"

준호는 소리를 낮추고 말했다.

"일단 우리부터 고구려 병사들한테 첩자로 의심받지 않도록 조심해야 돼. 안 그러면 위험에 빠질 수 있어."

두루마리를 가방에 넣으면서 준호는 다시 한 번 단단히 일렀다.

"여긴 과거야. 고구려 병사들한테는 우리나 그 아저씨나 다 낯선 침입자라고. 자칫하다가는 우리가 첩자로 몰릴 수도 있어!"

수진이 알겠다는 듯 고개를 끄덕였다. 민호도 고개를 끄덕이며 모래시계가 들어 있는 주머니를 툭툭 쳤다.

세 아이는 문가로 살금살금 다가갔다. 옷 더미가 쌓여 있는 곳에 이르렀을 무렵, 민호가 갑자기 걸음을 멈추었다.

"야, 빨리 와!"

수진이 나지막이 소리치자 민호가 수진과 준호의 등 뒤에 대고 소리쳤다.

"형, 우리도 이거 입고 나가자!"

민호가 냄새나는 옷 더미를 가리키며 말했다.

수진은 자기도 모르게 얼굴을 찡그리며 코를 움켜쥐었다. 준호도 눈이 휘둥그레져서 민호를 보았다.

민호는 자신이 생각해도 너무나 기발하다는 듯 눈을 반짝이며 말했다.

"저 옷을 입고 고구려 사람으로 변장하면 감쪽같을 거야! 아까 그 사람도 입고 나갔잖아."

수진의 눈이 커졌다. 하긴 그랬다. 비록 냄새나는 옷이긴 해도, 저 옷을 걸치면 고구려 사람 같아 보일 것이다! 하지만 냄새는?

수진은 얼굴을 찡그리며 맞장구를 쳤다.

"변장! 좋은 생각이야, 냄새만 빼면."

준호는 백제에서 남의 옷을 함부로 빌려 입었다가 위험에 빠졌던 일이 떠올라 멈칫했다. 하지만 의심을 사지 않으려면 어쩔 수 없었다.

셋은 옷가지를 하나씩 집어 들고, 오만상을 찌푸리며 껴입었다. 여기저기 누덕누덕 기운 옷에서 때와 땀에 전 고린내가 진동했다.

"아이고, 냄새야!"

"우웩!"

"읍, 숨 막혀!"

세 아이는 저마다 코를 감싸 쥐고 법석을 떨었다. 하지만 그 냄새나고 지저분한 누더기는 생각보다 훨씬 그럴듯했다. 옷이 커서 조금 벙벙하긴 했지만, 이제 아이들은 누가 봐도 고구려 사람 같아 보였다. 병사나 일반 백성보다는 거지에 가까워 보이긴 했지만 말이다.

"작년에 왔던 각설이, 죽지도 않고 또 왔네!"

 민호가 벙벙한 옷을 걷어붙이고 각설이 흉내를 내자 수진이 코를 움켜쥔 채 킥킥거렸다. 준호도 쿡쿡 웃음을 터뜨렸다.

준호와 민호와 수진은 곧 조심스레 곳간 문을 열고 밖으로 나왔다. 다행히 밖에는 아무도 없었다. 하지만 바람이 불고 날이 차서, 곳간과는 달리 쌀쌀한 기운이 느껴졌다. 아이들은 자기도 모르게 냄새나는 옷을 잡아당겨 옷깃을 여몄다. 여름옷을 입고 온 터라 그 냄새나는 옷이 너무나 고맙게 느껴졌다.

길 바로 옆에는 울창한 나무들이 산등성이를 따라 우거져 있고, 머리 위로는 맑고 푸른 가을 하늘이 드넓게 펼쳐졌다.

곳간 앞에는 작은 공터가 있었는데, 부근의 대장간*에는 사람은 없고 풀무와 망치, 모루 등 쇠를 다루는 연장들

* 대장간
쇠를 달구어 무기와 농기구를 만들고 수리하던 곳. 이웃 나라를 정복하며 힘을 키웠던 고구려는 군대마다 대장간을 두었다. 산성을 지킬 무기와 농기구를 만들어야 하므로 쇠(철)를 다루는 기술이 매우 중요했다. 고구려는 철이 많이 나고 일찍부터 기술이 발달하여 질 좋은 철제 무기와 농기구를 많이 만들었다.

과 동강 난 가랫날, 괭이, 보습 등 농기구들이 놓여 있었다. 여기저기 깨지고 부서진 방패와 창, 화살촉, 칼 같은 무기들도 있었다.

대장간 옆의 흙집은 사람이 지내는 곳인지, 거적문을 들치고 안을 들여다보니 벽을 따라 쪽구들 같은 것이 놓여 있고 옷이 걸려 있었다.

"야, 안에 누가 있으면 어쩌려고 그래! 함부로 들여다보지 마!"

준호가 얼굴을 찡그리며 민호와 수진에게 주의를 주는 순간, 곳간 저 너머에서 말발굽 소리와 함께 "히이잉!" 하는 말 울음소리가 들렸다. 곧이어 한 떼의 사람들이 발을 구르며 급박하게 달려가는 소리가 났다.

"무슨 일이지?"

민호의 말이 끝나기 무섭게 아이들은 앞다투어 소리가 나는 곳으로 달려갔다.

6. 첩자가 나타났다!

"비상, 비상! 다들 주목하라!"

곳간 앞쪽의 공터 부근에서 대장인 듯한 사람이 소리치자, 병사들이 부산하게 무리를 지어 뛰어왔다.

공터 주위에는 무슨 일인지 보려고 사람들이 모여 들고 있었다. 준호와 민호와 수진도 사람들 틈에 섞여 그 모습을 지켜보았다.

곧 지휘관들이 병사들을 정렬시키자 총대장인 듯한 사람이 명령했다.

"방금 선비족의 첩자가 침투했다는 전령이 들어왔다. 모두 사방으로 흩어져 첩자를 찾아라. 또 국경 부근의 백암성*과 개모성에 전령을 보낼 채비도 하라!"

총대장의 명령이 떨어지자 곧 허리에 칼을 찬 군사 몇 명이 마구간에서 말 서너 필을 끌고 달려 나왔다.

"백두님, 전령이 준비되었습니다!"

칼을 찬 병사가 고개를 조아리자 '백두'라고 불린 총대장이 뭔가를 건넸다.

"너는 백암성으로 가서 첩자가 침투했음을 알려라! 백암성까지 가려면 한참을 달려야 할 것이다. 서둘러라!"

"네!"

병사는 우렁차게 대답하고는 말 위로 날듯이 뛰어올라 고삐를 당겼다. 곧 "이랴!" 하는 소리와 함께 산 밑으로 달려가는 말발굽 소리가 요란하게 울려 퍼졌다.

▲ 백암성의 성벽

* 백암성
요동성 부근에 있던 성. 고구려는 전략적 요충지인 요동성 부근에 백암성, 개모성, 신성, 안시성 등을 쌓아 중국의 왕조나 선비족, 거란족의 공격에 대비했다. 백암성은 요동 평원에서 천산산맥으로 진입하는 길목에 있어 자주 공격을 받았다.

잇달아 수색대가 활과 칼, 도끼 등을 들고 뛰어나갔다.

병사들의 발길에 흙먼지가 뿌옇게 일어나자, 구경하러 모인 사람들 틈에서 누군가 콜록거리며 혀를 찼다.

"쯧쯧쯧, 병사들이 또 쥐 잡듯이 마을을 뒤지겠구먼. 귀찮게 생겼어!"

아이들이 돌아보니 늙수그레한 아저씨 한 분이 얼굴을 찡그린 채 손으로 흙먼지를 휘젓고 있었다.

그 옆에서 다른 아저씨가 말했다.

"아, 그러게. 이러다 전쟁이라도 나면 아랫마을 사람들까지 몽땅 짐을 싸 들고 올라올 텐데, 걱정일세. 올해 좁쌀 농사*도 시원찮아서, 먹을 것도 모자란데……."

아저씨들 이야기로는 전쟁이 나면 성 밖에 사는 사람들

* 좁쌀 농사
고구려는 한반도 남쪽에 비해 날씨가 추워 논농사보다는 밭농사가 발달했다. 밭에서 콩이나 좁쌀, 팥 등 잡곡 농사를 지었으며, 쌀이나 보리로 세금을 냈던 신라나 백제 백성들과 달리 고구려 백성들은 세금도 좁쌀로 냈다.

◀ 조 이삭

도 모두 집과 논밭을 버리고 산성으로 올라와 함께 싸운다고 했다.

"여기서 뭐하는 거요! 다들 돌아가시오!"

백두를 보좌하던 병사 하나가 구경꾼들 쪽으로 다가와 큰 소리로 엄포를 놓았다.

아이들은 구경꾼들 틈에 섞여 그곳을 빠져나왔다. 그러고는 수상한 사내가 사라졌던 곳간 쪽으로 다시 돌아갔다.

곳간 뒤쪽의 좁은 길을 따라가자 큰길로 나가는 통로가 있었다. 통로는 산 아래위로 뻗은 널찍한 길로 이어졌다.

길 아래쪽으로는 산자락을 따라 숲이 우거져 있었는데, 그 밑으로 군데군데 농사를 짓는 땅이 보였다. 굽이진 길을 따라 소나 말이 끄는 수레*와 사람들이 드문드문 오가

* 수레
고구려는 운송 수단으로 수레를 많이 썼다. 수레는 주로 소가 끌었는데 신분에 따라 재료와 모양, 쓰임새가 달랐다. 농민들은 나무 바퀴가 달린 소달구지로 곡물을 옮겼다. 반면 왕이나 귀족들은 쇠바퀴가 달린 고급 수레를 타고 나들이를 했다.

고 있었다. 저 멀리 성문 너머로 푸른 강줄기가 산자락을 따라 흘렀다. 길 위쪽으로는 고갯길이 이어졌는데, 오가는 사람이 거의 없었다.

준호는 사내가 어느 쪽으로 갔을까 생각하다가 위쪽 길로 가 보기로 했다. 사내는 도망을 다니는 중이니 아무래도 사람이 없는 쪽으로 갔을 것 같았다.

고갯길 모퉁이를 돌자 고구려 백성으로 보이는 사람 서너 명이 왁자하게 떠들며 산길을 내려왔다. 하나같이 얇고 누런 삼베옷에 허리띠를 묶고 머리에는 검은 수건을 두르고 있었다.

아이들은 움찔해서 고개를 숙이고 재빨리 그 사람들 곁을 지나쳤다.

사람들이 저만치 멀어져 가자 준호는 한숨을 후유 내쉬었다. 민호는 혹시 그 사람들 중에 아까 곳간에서 보았던 사내가 있을까 싶어 고개를 쏙 빼고 열심히 살폈지만, 사람들의 등과 엉덩이밖에 보이지 않았다.

조금 더 위로 올라가자 곳간과 공터가 있던 데가 한눈에 내려다보였다. 그곳은 산마루처럼 평평한 곳에 자리 잡고 있었는데, 공터 주변에 초가집들이 줄지어 있고 붉은 기와집*도 드문드문 섞여 있었다. 주위에 창, 칼을 든 병사들과 말들이 서 있는 것으로 보아 군사적으로 중요한 시설이 있는 곳 같았다. 아마도 아까 보았던 흙집은 병사들이 지내는 곳인 듯했다. 그 아래로는 군데군데 집들이 모여 있고, 부근에는 조밭과 콩밭이 제법 넓게 퍼져 있었다.

조금 더 위로 올라가자 맞은편 산등성이 꼭대기에 망루 같은 것이 보였다. 길섶의 참나무 그늘에서 바라보니, 높이 지은 망루에서 사방을 내려다보며 감시하는 사람들이

* 기와집

기와는 기원전 1~2세기에 한반도에 들어왔다. 고구려는 삼국 가운데 가장 먼저 기와를 사용했다. 중국과 가깝고 한족과 자주 접촉하면서 일찍부터 기와 제작 기술을 받아들였던 것이다. 기와는 흙을 구워 만들기 때문에 짚보다 훨씬 튼튼하고, 빗물도 새지 않고 오래갔다. 하지만 값이 비싸서 궁궐이나 절, 관청, 귀족의 집 등에만 쓰였으며, 붉은 기와가 많았다.

◀ 고구려의 도깨비 얼굴 무늬 기와

개미만 하게 보였다.

"저것 좀 봐!"

수진이 산등성이의 다른 부분을 가리켰다.

준호와 민호는 수진이 가리키는 곳을 따라 산등성이를 둘러보았다. 가파른 산등성이를 따라 높은 성벽이 둘러져 있고, 같은 모양의 망루가 일정한 간격으로 서 있었다. 사방이 훤히 내려다보이는 탁 트인 곳에 망루를 세워 적의 침입을 감시하고 있는 것 같았다.

아이들은 울창한 숲 위로 솟은 망루들을 바라보며 왠지 자신들도 고구려의 병사가 된 듯 가슴이 벅찼다.

그때였다. 길가 쪽에 있던 준호의 등 뒤로 뭔가가 휙 하고 지나갔다.

준호가 무심코 돌아보니 웬 사내가 혼자서 오르막길을 올라가고 있었다. 사내는 빠르고 날렵하게 움직였다.

"저기 병사들도 보여!"

수진이 말하자 준호가 쉿 하고 턱으로 사내를 가리켰다.

민호도 뭔가 싶어 돌아보았다.

"앗, 그 사람이야! 곳간에서 만났던 사람!"

수진이 사내를 발견하고 속삭였다.

준호는 사내의 뒷모습을 훑어보았다.

"어떻게 알아? 어두운 데서 봤잖아."

준호가 소리를 낮추고 묻자 수진이 속닥거렸다.

"찢어진 옷자락! 아까 봤어. 윗옷 자락이 찢어져서 펄럭거렸어!"

준호는 사내의 옷자락을 보았다. 수진의 말대로 윗옷 자락이 찢어져 바람에 펄럭이고 있었다.

"앗, 정말이다!"

민호가 소리치자, 준호와 수진이 민호의 입을 틀어막았다. 그러고서 셋은 눈짓, 손짓으로 바쁘게 이야기를 주고받았다.

사내가 막 고갯길 모퉁이를 돌고 있었다.

아이들은 숨을 죽인 채 사내의 뒤를 쫓아갔다. 길모퉁이를 돌자 산등성이가 보이고 갈림길이 나타났다. 갈림길은 같은 봉우리에서 갈라져 나온 산자락을 따라 골짜기를 이루며 구불구불 흘러내리고 있었는데, 그 길을 따라 흙으로 된 내성*의 성벽이 서 있었다. 흙벽 밑으로는 숲이 울창했다.

사내는 잠시 주위를 살피더니, 갈림길 왼쪽으로 갔다. 그러자 치*가 있는 성벽 부근에 작은 빈터가 나타났다.

아이들은 갈림길 바로 밑의 아름드리 삼나무 뒤에서 고개를 내밀고 사내를 지켜보았다.

사내가 빈터의 억새 수풀로 들어서자, 아이들도 수풀에 몸을 숨기고 사내의 뒤를 쫓아갔다.

▲ 요동성 성곽도

* 내성

고구려는 적의 침입에 성이 쉽게 함락되지 않도록 이중으로 성을 쌓기도 했다. 이때 안쪽에 있는 성을 내성, 바깥쪽에 있는 성을 외성이라고 한다. 내성은 성의 군대를 지휘하는 최고 사령부가 있는 곳이라는 뜻으로 '아성'이라고도 한다. 그래서 '아성이 무너졌다'는 말은 최고 사령부까지 무너졌다는 뜻으로, 싸움에서 완전히 패배했음을 의미한다.

이윽고 치 부근의 한적한 곳에서, 사내는 걸음을 멈추고 주위를 살펴보았다. 아이들은 억새 수풀에 웅크린 채 숨을 죽였다.

곧 사내가 손가락을 입에 넣고는 "삑!" 하고 날카롭게 휘파람을 불었다.

"뭐하는 거지?"

민호가 속닥거리자 준호와 수진이 동시에 민호의 입을 틀어막았다.

푸드득, 푸드드득!

어디선가 새의 날갯짓 소리가 나더니, 이내 성벽 너머에서 매 한 마리가 날아와 사내의 팔뚝 위로 나붓이 내려앉았다.

아이들은 놀라서 입이 쩍 벌어졌다.

* 치
성의 보조 방어 시설로, 적을 공격하기 위해 성벽 밖으로 튀어 나와 있는 부분이다. 적을 관찰하기 좋은 곳이나 공격 지원이 필요한 곳에 설치한다.

사내가 한 손으로 매의 머리를 쓰다듬었다. 그러고는 품에서 뭔가를 꺼내 매의 발에 달아맸다. 아주 작은, 그러나 멀리서도 형체를 뚜렷이 알 수 있는 물건이었다. 아까 곳간에서 봤던 바로 그 두루마리였다.

'두루마리다!'

민호가 흥분해서 고개를 쳐들자, 준호가 재빨리 민호의 머리를 눌렀다.

사내는 잠시 동작을 멈추고 날카롭게 주위를 둘러보았다. 뭔가 낌새를 챈 걸까.

준호는 가슴이 쿵쿵 뛰었다.

다행히 사내는 의심의 눈길을 거두고 매를 한 번 쓰다듬고는 다시 휘파람을 불었다. 그러자 사내의 팔뚝에 앉아 있던 매가 발에 매달린 작은 두루마리를 움켜쥐고는 하늘 높이 날아올라 성벽 너머로 사라졌다.

아이들은 바닥에 납작 엎드린 채 사내가 억새 수풀을 빠져나가기를 기다렸다.

사내는 아이들이 숨어 있는 곳을 지나 유유히 큰길로 나갔다.

사내의 발소리가 멀어지자 아이들은 그제야 비로소 고개를 쳐들었다.

"후, 살았다!"

수진이 크게 숨을 내쉬었다.

사내의 모습은 이미 길모퉁이 너머로 사라지고 없었다.

"빨리 쫓아가자!"

민호가 뛰어가며 소리치자 수진도 후닥닥 쫓아갔다. 준호도 진땀을 흘리며 큰길 쪽으로 나갔다.

하지만 어떻게 된 일일까. 큰길에는 아무도 없었다. 길 위쪽에도, 아래쪽에도.

7. 고구려가 위험하다!

아이들은 당황해서 사방을 두리번거렸다.

"어디 갔지?"

민호가 묻자 수진이 고개를 저었다. 준호는 혹시 사내가 어딘가에 숨어서 지켜보고 있지 않을까 싶어 신경을 곤두세웠다. 하지만 지나가는 바람 소리와 새 울음소리, 세찬 계곡 물소리 말고는 아무것도 들리지 않았다.

"저기로 가 보자!"

민호가 왼쪽 갈림길로 접어들며 소리쳤다. 준호는 오른쪽 갈림길을 잠시 살펴보고는 민호와 수진의 뒤를 따라 왼쪽 길로 달려갔다. 오른쪽 길은 곧게 쭉 뻗어 있어 몸을 감추기가 쉽지 않을 것 같았다. 반면 왼쪽 길은 구불구불한 데다 내리막길이었다.

내리막길을 가면서 보니, 숲 사이사이로 건너편 산등성이의 넓고 평평한 축대 같은 것이 보였다. 내리막길 중간에는 성문을 지키는 병사들이 있었다.

이 길이 맞을까, 아니면 다른 곳으로 간 걸까. 준호와 민호와 수진은 병사들의 눈을 피하려고 길섶의 소나무 숲으로 들어갔다. 그때 울창한 소나무들 사이로 작은 오솔길 하나가 보였다.

아이들은 재빨리 그 길로 접어들었다. 길은 다시 오르막으로 이어졌고, 아이들은 헉헉대며 축대 쪽으로 이어지는 고갯길을 기어 올라갔다.

마침내 높고 평평한 산등성이에 축대가 나타났다. 거기서 조금 떨어진 봉우리에 작은 건물과 계단이 딸린 네모난 석축 같은 것이 보였다.

아이들은 길에서 벗어나 길섶의 산비탈을 타고 그 높다

란 축대 쪽으로 나아갔다.

"저게 다 뭐지?"

민호가 헉헉대며 묻자 준호와 수진은 돌로 된 두 축대를 번갈아 바라보았다. 산등성이의 축대는 비교적 넓은 공터에 우뚝 세워져 있었는데, 그 주위로 병사들이 오가고 있었다. 거기서 조금 떨어진 곳에 있는 봉우리의 축대 부근에는 계단과 작은 건물이 딸려 있었다. 멀어서 잘 안 보이는 것인지도 모르지만 그쪽에는 병사들이 거의 없는 것 같았다.

"저 봉우리 쪽으로 가 보자!"

준호가 봉우리 쪽으로 이어지는 산비탈을 기어 올라가자 수진과 민호도 풀과 나무들을 헤치며 쫓아갔다.

머지않아 산봉우리가 보이더니 축대가 모습을 드러냈다. 계단 위에 서 있는 그 축대는 마치 하늘에 제사를 지내는 천단*이나 기우제를 올리는 신성한 곳처럼 넓고 푸른 하늘을 향해 우뚝 솟아 있었다.

하늘은 마치 손을 뻗으면 잡힐 것처럼 가까웠고 하늘 한복판에는 무지갯빛 해무리가 아름답게 떠 있었다. 그리고 발밑으로는 울창한 숲과 고구려의 산과 밭, 작은 마을들과 사람들 모습이 조그맣게 내려다보였다.

"우와!"

"헉헉……, 끝내준다!"

"후아, 멋지다!"

아이들은 숨을 몰아쉬며 무심코 탄성을 질렀다.

그때였다.

"얘들아!"

누군가가 부르는 소리에 아이들은 화들짝 놀라 돌아보았다. 축대 뒤에서 창을 든 청년 하나가 아이들을 쳐다보고 있었다. 쌀쌀한 날씨에 춥지도 않은지, 청년은 낡고 얇

* **천단**
고구려의 시조인 동명왕(주몽)을 모시던 제단. 고구려 사람들은 동명왕을 천제의 아들이라 여기고, 자신들은 그 후예라고 믿었다. 그래서 산 위의 높은 곳에 천단을 세우고 동명왕을 기리는 제사를 지냈을 것으로 추정된다.

은 삼베옷을 입고 머리에는 검은 두건을 쓰고 있었다.

"비탈에서 미끄러져 굴러 떨어지면 어쩌려고 그래? 어서 이리로 올라와!"

청년의 말에 아이들은 쭈뼛거리며 눈치를 살폈다. 민호가 에라 모르겠다는 듯 비탈을 기어오르자 수진과 준호도 헉헉대며 차례로 올라갔다.

청년이 싱긋 웃으며 물었다.

"에그, 온통 흙투성이구나. 나도 너희만 한 동생이 있는데……. 여기 산성 마을에 사니?"

아이들은 시뻘개진 얼굴로 어색하게 고개를 끄덕였다.

"여긴 함부로 올라오면 안 되는데……. 하지만 반갑구나. 여기선 온종일 사람 구경을 할 수가 없거든."

"왜 올라오면 안 되는데요?"

민호가 용기를 내어 묻자 청년이 대답했다.

"여긴 봉수대니까. 혼자 보초를 서고 있으면, 얼마나 지겨운지 몰라. 그나저나 너는 내 동생이랑 어쩜 그렇게 닮

았냐?"

청년이 신기한 듯 수진을 보며 중얼거렸다.

준호는 이마에 맺힌 땀을 닦으며 청년의 모습을 훑어보았다. 준호보다 키가 조금 더 크고 비쩍 마른 청년으로, 이곳에서 혼자 보초를 서고 있는 모양이었다. 청년은 아이들을 전혀 경계하지 않는 눈치였다.

"한 달 전에 군역을 오기 전까지, 나는 저 산 너머 마을에 살았단다. 너희들을 보니, 집에 있는 동생들과 어머니 생각이 나는구나. 밥은 제대로 먹고 지내는지……."

청년이 시무룩한 표정을 짓자 아이들은 왠지 딱한 마음이 들었다.

준호가 조심스레 물었다.

"아저씨, 혹시 이 부근에서 수상한 사람 못 보셨어요?"

"수상한 사람? 못 봤는데. 여긴 봉수대*라서 보초 서는 병사 말고는 아무도 안 와. 오늘도 온종일 나 혼자 있었는걸. 가끔 가다 너희 같은 아이들이 올라오기도 하지만, 대장님한테 걸리면 금세 아랫마을로 쫓겨 간단다."

청년의 말이 무색하게 그때 웬 할아버지 한 분이 지게를 지고 비탈길을 올라왔다. 할아버지가 지게 작대기를 쳐들고 소리쳤다.

"여어, 잘 있었나, 울보 청년! 심심할까 봐 왔네!"

청년은 반가운 표정으로 "할아버지!" 하고 소리치며 달려갔다. 그러고는 활짝 웃으며 할아버지의 지게를 받아 주었다.

"오늘은 안 오실 줄 알았는데, 웬일이세요?"

청년이 반갑게 인사하자, 할아버지는 지게에서 보따리를 꺼내 근처 나무 그늘 밑에 자리를 잡았다.

"웬일은, 막사에 콩 한 말 갖다 주는 길에 들렀지. 혼자

* 봉수대

봉수를 올리던 곳. 봉수란 봉(횃불)이나 수(연기)로 연락을 주고받는 일로, 봉화라고도 한다. 봉수대는 성의 높은 곳에 설치하여, 반란이 일어나거나 적이 침입하면 낮에는 연기로, 밤에는 횃불로 신호를 보냈다. 봉수는 가락국 수로왕이 처음 올렸다고 전해지는데, 나라에서 본격적으로 봉수대를 운영한 것은 고려 시대부터다.

서 또 집 생각하면서 훌쩍거리고 있을까 봐."

할아버지가 놀리듯이 말하자 청년은 얼굴을 붉히며 머리를 긁적였다.

할아버지는 산성의 군대에 필요한 식량을 실어다 주는 지게꾼으로, 오늘은 산성 밖의 관청 심부름으로 보리와 콩을 지고 왔다고 했다.

할아버지가 보따리에서 주먹밥을 꺼내며, 턱으로 세 아이를 가리켰다.

"한데 오늘은 혼자가 아니네? 이 아이들은 누군가?"

할아버지가 묻자 민호가 얼렁뚱땅 둘러댔다.

"우린 아랫마을에 사는데요, 잠시 놀러 왔어요."

할아버지가 청년에게 주먹밥을 건네주면서 민호에게 물었다.

"오호, 아랫마을에 산다고? 그래, 올해 좁쌀 농사는 좀 어떻다더냐? 거기도 흉작이라고들 난리지?"

할아버지의 느닷없는 질문에 민호는 말문이 막혔다.

"네, 추수가 별로인가 봐요."

수진이 얼렁뚱땅 대답하자 민호도 멋모르고 덧붙였다.

"그럼요, 흉작이죠!"

할아버지가 귀엽다는 듯 민호의 동글동글한 머리를 쓰다듬었다.

"하하하, 녀석, 흉작이 뭐가 좋다고! 그나저나 오늘 첩자가 나타났네 뭐네 해서 비상이 걸렸나 보던데, 너무 오래 있지 말고 집에들 가거라. 괜히 여기서 돌아다니다가 눈에 띄면, 골치 아파져."

할아버지가 말하자 청년이 놀라서 물었다.

"첩자라뇨? 여긴 아직 아무 연락도 없었는데요."

"그렇겠지. 나도 방금 들었으니까. 혹시나 싶어서 아까 병영 부근을 뒤졌나 보던데, 아직 잡지 못한 모양이야."

할아버지의 말에 준호는 곳간으로 숨어들었던 사내의 모습이 다시 떠올랐다.

할아버지가 말을 이었다.

"듣자하니, 욕살*께서도 전갈을 보내신 모양이야. 곡식 창고에 콩을 내려놓는데, 전령이 말을 타고 왔다며 우르르 몰려가더군. 욕살님의 전갈을 들고 온 것 같다면서."

"전갈이요? 무슨 전갈인데요?"

청년이 묻자 할아버지가 대답했다.

"그야 나도 모르지. 사람들이 이 일대에 선비족이 나타난 게 아니겠냐고들 수군거리던데, 우리 같은 백성들이야 자세한 얘긴 알 수가 없잖은가."

할아버지의 말에 아이들은 정신이 번쩍 들었다. 역시 아까 그 사내는 선비족의 첩자가 아닐까? 성벽 부근에서 매에 두루마리를 묶어서 보낸 것도 전쟁 준비와 연관이 있는지 몰랐다. 만약 그것이 고구려로 쳐들어오라는 전갈이거

---

* **욕살**

고구려 지방관 가운데 가장 높은 지휘관. 고구려는 지방 조직을 대성, 성, 소성 등으로 나누고 중앙에서 지방관을 파견하여 다스렸다. 욕살은 대성에 파견된 최고 지방관으로, 군주라고도 했다. 고구려는 군사 조직과 행정 조직이 통합되어 있었으므로, 욕살을 비롯한 지방관들은 그 지방을 다스리는 최고 통치자이자 지방군의 대장이었다.

나 이곳 산성을 염탐한 문서라면, 고구려가 위험에 빠질 수도 있었다.

할아버지가 말했다.

"저기 장대*에도 병사들이 모이는 것 같던데, 설마 백성들더러 산성으로 올라오라고 하지는 않겠지? 그런 일은 없어야 할 텐데……. 아무렴, 없어야 하고말고!"

산등성이를 내려다보니, 아까 보았던 축대 부근에 병사들이 몰려들고 있었다. 아마도 그곳이 할아버지가 말한 장대인가 본데, 상황이 급박하게 돌아가는 듯 주변이 몹시 부산했다.

아이들은 마음이 급해졌다. 첩자를 본 것은 준호 일행뿐이었다. 준호와 민호와 수진은 어서 빨리 첩자를 찾아내 고구려의 병사들에게 도움을 주고 싶었다. 그 수상쩍은

* **장대**
전투를 지휘하는 곳. 보통 성 안팎이 한눈에 내려다보이는 곳에 있었다. 성에서 가장 높은 곳에 설치하거나 위치가 좋은 곳에 돌을 높이 쌓아 올려 설치했다.

사내가 매의 발에 뭔가를 매달아 날려 보냈다는 사실도 알려야 했다. 여기서 이러고 있을 시간이 없었다.

"가 봐야겠어요!"

민호가 소리치며 잽싸게 산비탈로 뛰어 내려갔다. 수진과 준호도 자리를 박차고 일어서며 청년과 할아버지에게 소리쳤다.

"나중에 또 놀러 올게요!"

등 뒤에서 할아버지와 청년이 소리쳤다.

"애들아, 그러다 다칠라, 여기 오솔길로 내려가!"

"쯧쯧쯧, 애들이란 그저! 야, 이놈들아, 까불다가 미끄러질라!"

아이들이 쏜살같이 달려 내려간 산비탈에는 뽀얀 흙먼지가 뭉게뭉게 피어올랐다.

8. 병사들을 데려와!

아이들은 장대 부근의 산비탈을 지나 참나무 숲을 헤치고 갈림길로 되짚어 왔다. 그리고 갈림길이 시작되는 곳에서 머리를 맞댔다.

준호가 날카롭게 물었다.

"어느 쪽으로 갔을까?"

수진이 갈림길 왼쪽, 그러니까 자신들이 방금 돌아온 길을 가리키며 대답했다.

"저쪽은 아니야. 우리가 온 방향이니까."

준호도 전령이 말을 타고 내려간 길을 가리키며 말했다.

"이쪽도 아니야. 저긴 말들이 다니는 큰길인데, 저리로 갔으면 전령이나 병사들 눈에 띄었겠지."

민호도 갈림길 오른쪽을 가리키며 말했다.

"저 길도 아니었어. 저 멀리까지 아무도 안 보였잖아."

그렇다면 사내는 어디로 간 것일까? 갈림길 양쪽과 병영으로 이어지는 아래쪽 길을 모두 가지 않았다면, 대체 어디로 사라진 것일까?

아이들은 재빨리 주위를 둘러보았다. 그러자 놀랍게도 갈림길 오른쪽 중간에 작은 샛길이 보였다. 얼핏 보면 길이 있는 줄도 모를 만큼 풀이 무성하게 자라 있는 좁은 길이었다.

"혹시 저기 아닐까?"

준호가 말하자 민호의 눈이 휘둥그레졌다.

"어, 아까 내려올 때는 못 봤는데! 저기 길이 있었네!"

수진도 놀랍다는 듯이 고개를 빼고 샛길을 보았다.

아이들은 덤불을 헤치고 샛길로 들어갔다. 희미하게 남은 길의 흔적 위로 온갖 들풀들이 껑충하게 자라 있었다.

오랫동안 사람의 발길이 닿지 않은 것 같았다.

아이들은 허리까지 자란 풀들을 헤치고 측백나무 숲이 시작되는 곳까지 천천히 다가갔다. 풀이나 떨기나무에 베어 여기저기 작은 상처가 났지만 아랑곳하지 않았다. 하지만 덤불에 숨어 있던 꿩들이 놀라서 푸드득 날아오를 때면 움칠하고 물러섰다.

이윽고 덤불과 측백나무 숲을 지나자 작은 빈터가 나왔다. 희미한 내리막길의 흔적이 맞은편 전나무 숲 쪽으로 이어졌다. 아이들은 그 좁은 길로 침착하게 나아갔다.

"쉿!"

갑자기 앞서가던 수진이 우뚝 멈춰 섰다. 준호와 민호도 얼어붙은 듯 멈춰 섰다. 전나무 숲 어귀에 누가 있었다.

검은 허리띠 밑에서 펄럭이는 찢어진 윗옷 자락.

수진은 하마터면 소리를 지를 뻔했다. 그 찢어진 윗옷은 바로 아이들이 찾던 사내가 입고 있던 옷이었다!

'숨어!'

수진은 황급히 눈짓하며 길섶의 아름드리 전나무 뒤로 숨었다. 준호와 민호도 재빨리 몸을 숨겼다.

사내는 아이들을 등진 채 미친 듯이 덤불을 헤치고 있었다. 비탈을 내려갔다가, 길이 끊기면 다시 기어오르기를 되풀이했다.

준호는 가만히 생각했다. 사내가 첩자라면 틀림없이 무술 훈련을 받았을 것이다. 그렇다면 자신들의 힘으로는 사내를 붙잡을 수 없었다. 게다가 사내는 단검까지 지니고 있었다.

'안 되겠다, 고구려 병사들에게 알려야겠어.'

준호는 소리를 낮추고 다급하게 말했다.

"민호야, 아까 봉수대에서 만난 아저씨한테 갔다 와. 아저씨한테 여기 첩자가 있다고 말하고 병사들을 데려와!"

민호가 뛰어가려 하자 수진이 나섰다.

"내가 갈게! 내가 더 빨리 달리니까!"

민호가 말렸다.

"안 돼, 위험해! 넌 우리 형이랑 여기 있어. 내가 얼른 갔다 올게."

수진은 민호가 다시 보였다. 그저 생각 없고 철없는 아이인 줄 알았는데, 제법 용기 있고 사려 깊어 보였다.

준호가 망을 보는 사이, 민호는 네발 동물처럼 몸을 잔뜩 낮추고 덤불을 헤쳐 큰길 쪽으로 나갔다.

수진과 준호는 남아서 사내를 계속 지켜보았다.

"병사들이 올 때까지 저 사람을 놓치면 안 돼. 저 사람이 다른 데로 가면 내가 뒤따라갈게. 넌 여기 있다가 병사들에게 내가 쫓아간 쪽을 알려 줘. 알겠지?"

준호가 속닥거리자 수진은 말없이 고개를 끄덕였다.

"그런데 병사들이 한참 있다가 오면 어떡하지? 오빠 혼자 쫓아갔다가 위험해지면……."

수진이 걱정하자 준호가 안심을 시켰다.

"걱정 마, 내가 알아서 할게. 그보다 병사들이 늦게 도착하면……."

그 순간 어디선가 한 줄기 바람이 불어왔다. 그러자 비탈을 되짚어 올라오던 사내가 갑자기 동작을 멈추고 날카롭게 주위를 둘러보았다. 사내는 훈련된 병사답게 수상쩍은 낌새를 놓치지 않았다. 단검을 뽑아 들고는 덤불을 헤치며 앞으로 나왔다. 그러고는 눈을 번뜩이며 코끝에 걸린 냄새와 귓가에 와 닿았던 소리의 방향을 쫓아 아이들 쪽으로 한 발 한 발 다가왔다.

준호는 나무에 달라붙은 채 꼼짝도 못했다. 머릿속이 하애지고 온몸에서 피가 싹 빠져나가는 것 같았다. 옆에서는 수진이 덜덜 떨고 있었다.

"웬 놈들이냐!"

마침내 머리 위에서 굵은 목소리가 났다. 사내가 싸늘한 얼굴로 아이들을 내려다보고 있었다.

준호는 눈도 마주치지 못한 채 덜덜 떨었다.

"감히 내 뒤를 밟다니, 이런 괘씸한 것들!"

사내가 발을 쿵쿵 구르며 으르렁거렸다.

준호는 조용히 눈을 감았다. 이제 죽었구나 싶었다. 짧은 순간 숨 막히는 침묵이 흘렀다.

다음 순간 수진이 느닷없이 소리를 질렀다.

"첩자다! 첩자가 나타났다! 여기, 첩자가 있다!"

수진의 고함 소리에 준호는 정신이 아찔했다. 살려 달라고 빌어도 시원찮을 판에, 소리를 질러 도리어 첩자를 흥분시키다니.

그런데 사내가 준호와 수진을 공격하기는커녕 당황해서 허둥지둥 달아날 길을 찾았다. 아까 헤치고 나가려는 덤불이 앞을 가로막자 사내는 단검으로 덤불을 베며 괴성을 질러 댔다. 그럴수록 덤불은 사내의 손을 휘감으며 앞길을 막았다.
"저기다!"

때마침 숲 어귀에서 고함 소리가 났다. 드디어 민호가 병사들을 데리고 온 모양이었다.

수진이 팔을 쳐들고 펄쩍펄쩍 뛰었다.

"여기요, 여기! 첩자가 도망치고 있어요!"

한 떼의 병사들이 땅을 쿵쿵 울리며 뛰어왔다. 그리고 좁은 길이 시작되는 곳에서 활*과 칼을 빼 들고 전나무 숲을 에워쌌다. 가장 날렵한 병사 몇 명이 좁은 길로 들어와 준호와 수진을 병사들 쪽으로 보내고, 첩자를 포위했다.

"네 이놈, 당장 무릎을 꿇어라! 항복해!"

병사들의 대장이 칼을 쳐들고 고함을 질렀다.

사내는 잠시 숲을 두리번거리더니, 겹겹이 에워싼 병사

* 활

사냥을 즐겼던 고구려인들은 말타기와 활쏘기를 잘했다. 고구려를 세운 주몽의 이름도 '활을 잘 쏘는 사람'이라는 뜻이다. 고구려는 성을 중심으로 전투를 했기 때문에, 칼이나 창처럼 적과 직접 맞붙어 싸울 때 사용하는 무기보다 활처럼 멀리서 쏘는 무기가 중요했다. 특히 소의 뿔 등 여러 가지 재료를 조합하여 만든 고구려의 활 '맥궁'은 작지만 튼튼하고 성능이 뛰어났다.

들을 보고는 힘없이 무릎을 꿇었다. 단검은 어디로 던져 버렸는지 보이지 않았고, 사내는 바닥에 납작 엎드려 벌벌 떠는 시늉을 했다.

병사들이 우르르 달려들어, 칡넝쿨처럼 생긴 밧줄로 사내를 꽁꽁 묶었다.

"아이고, 왜 이러십니까! 제가 무슨 죄를 지었다고 이러시는 겁니까, 아이고, 나 죽네!"

사내가 비명을 지르며 밧줄에 묶이는 사이, 아이들은 서로를 발견하고 기쁨의 함성을 질렀다.

"형! 수진아!"

"민호야!"

아이들은 서로 얼싸안고 펄쩍펄쩍 뛰었다.

9. 뻔뻔한 첩자

사내는 딱 잡아뗐다.

"대체 어디를 봐서 제가 첩자란 겁니까? 얼토당토않는 소리입니다요. 멀쩡한 사람한테 누명을 씌우다니, 정말 억울합니다!"

밧줄에 묶인 채 숲 어귀로 끌려온 사내는 오히려 큰소리를 치며 준호와 민호와 수진에게 죄를 덮어씌웠다.

"아, 수상한 건 이놈들이지요. 며칠 전부터 누가 자꾸 우리 부경*을 기웃거리나 했더니, 이놈들이 틀림없습니다. 엊그제도 부경에서 콩이 한 되나 없어졌지 뭡니까? 예끼, 고약한 놈들! 어디 할 짓이 없어서 어린것들이 벌써 도둑질이냐, 도둑질이!"

병사들이 어리둥절한 얼굴로 아이들과 사내를 번갈아 쳐다보았다. 준호와 민호와 수진은 어처구니가 없었다. 부경이 무엇인지는 몰라도 느닷없이 콩을 훔쳤다니, 말도 안 되는 소리였다.

"도둑이라니요! 우리가 언제 콩을 훔쳤다고 그래요?"

수진이 따지자 사내가 버럭 고함을 질렀다.

"시끄럽다! 머리에 피도 안 마른 것들이 도둑질을 해 놓고 어디서 큰소리야?"

준호는 기가 막혀서 말이 나오지 않았다.

그때 민호가 대뜸 물었다.

"그런데 아저씨는 거기 왜 간 거예요? 길도 없는 곳에서

* **부경**
고구려에 집집마다 있던 작은 창고. 나무로 평지보다 높게 지어 습기와 짐승의 침입을 막았다. 주로 콩이나 좁쌀, 보리 같은 곡식을 보관했다. 고구려에는 나라에 큰 창고가 없고, 집집마다 이렇게 작은 부경이 있었다고 한다.

뭐한 거냐고요?"

민호의 질문에 사내는 당황해서 얼굴이 벌게졌다.

병사 하나가 물었다.

"그러게, 거긴 왜 간 거요? 논밭도 없고, 아무도 다니지 않는 곳인데."

"그, 그건……. 요 아래 성문에서 샘물을 좀 길어 오려고 그런 거지요. 그리로 내려가면 지름길이거든요. 아시다시피 산성에는 물*이 귀한데, 가을 가뭄에도 동문 샘에는 물이 마르지 않는다기에 나섰습지요."

사내가 얼렁뚱땅 둘러대자 어수룩한 병사 몇몇이 멋모르고 고개를 끄덕였다.

준호와 민호와 수진은 답답해서 속이 터질 것 같았다.

---

* 물

물이 없으면 살 수 없기 때문에, 고구려는 계곡물이 흐르는 곳에 산성을 지었다. 고구려의 산성에는 어디나 샘이나 우물, 저수지가 있었으며 빗물을 받아 두는 커다란 통도 마련되어 있었다. 덕분에 고구려군은 적이 쳐들어와도 산성 안에서 오랫동안 버티며 적을 물리칠 수 있었다.

"그처럼 인적이 드문 길로 가서 샘물을 긷다니, 무슨 소리냐! 더구나 항아리도 없이! 바른대로 말하라!"

대장이 소리치자 사내는 화들짝 놀라는 시늉을 하며 연신 고개를 조아렸다.

"아이고, 여부가 있겠습니까요. 누구 앞이라고 거짓을 고하겠습니까? 항아리는 집에 두고 왔습지요, 오늘은 그저 길이나 익혀 둘 요량으로 말입죠."

그러고는 아이들을 원망스레 가리키며 울상을 지었다.

"저는 그저 곡식을 도둑맞고, 물을 길으려다 재수 없게 첩자 누명을 뒤집어쓴 가엾은 놈일 뿐입니다요! 정말 억울합니다!"

사내는 눈물까지 글썽였다. 누가 봐도 진짜 같았.

대장의 목소리가 아까보다 한층 누그러졌다.

"어허, 시끄럽다! 지금은 조사 중이니, 조용히 하라!"

준호는 초조하게 사태를 지켜보았다. 자칫 자신들이 사내에게 억울하게 누명을 뒤집어씌웠다고 몰릴 판이었다.

여차하면 도둑으로 몰릴 수도 있었다.

대장이 천천히 고개를 돌려 세 아이를 보았다. 눈에 의심의 빛이 뚜렷했다.

민호가 소리쳤다.

"아까 저 아저씨가 저 위쪽 성벽에서 매를 불렀어요. 그리고 그 매한테 작은 두루마리 같은 걸 묶어서 몰래 날려 보냈어요! 우리가 다 봤어요!"

그 말에 사내도, 병사들도 모두 깜짝 놀랐다.

"매라고? 정말 매를 불렀단 말이냐?"

대장이 묻자 셋은 "네!" 하고 동시에 대답했다.

사내는 당황한 듯 얼굴이 일그러졌다. 하지만 곧 정신을 차리고 잡아뗐다.

"아니, 이 어린것들이 하는 말을 믿고 저를 의심하시는 겁니까? 매라니요? 저는 금시초문입니다."

병사들은 난처한 표정을 지었다. 몇몇 병사는 사내의 말에 일리가 있다는 듯 고개를 끄덕이며 웅성거렸다.

이내 병사들의 눈이 아이들에게 쏠렸다.

아이들이 그럴듯한 대답을 하지 못하면, 당장 의심을 받게 될 것이다. 첩자를 잡기만 하면 될 줄 알았는데, 첩자가 발뺌을 하는 바람에 도리어 위험에 빠지게 되었다. 아이들은 당황해서 말문이 막혔다.

"우씨! 저 아저씨, 순 거짓말쟁이에요!"

민호는 답답하고 화가 나서 고함을 질렀다. 하지만 병사들의 눈빛은 점점 더 차가워졌다. 쌀쌀한 가을날인데도 준호는 등에서 식은땀이 흘렀다.

그때 수진이 퍼뜩 생각난 듯 손을 쳐들고 소리쳤다.

"앗, 저 옷이요! 저거, 훔친 거예요! 아까 대장간 근처에 있는 곳간에서, 저 아저씨가 훔쳐 입었어요! 우리가 똑똑히 봤어요!"

수진의 말에 병사들이 모두 사내를 보았다. 유난히 흙이 덕지덕지 묻고 윗옷 자락이 찢어진 옷에 병사들의 눈길이 쏠렸다.

사내는 얼굴이 시뻘게진 채 눈을 부라리며 소리쳤다.

"예끼! 옷을 훔쳐 입다니, 이번에는 나를 도둑놈으로 몰 참이냐!"

수진도 물러서지 않고 맞섰다.

"아까 훔쳐 입는 거 봤어요. 곳간에 빨랫감 같은 게 쌓여 있는 데서요. 그때 윗옷 자락이 찢어진 옷을 입었어요. 봐요, 저기가 찢어져 있잖아요!"

민호도 거들었다.

"맞아요! 저 아저씨가 아까 곳간에서 옷을 훔쳐 입었어요! 틀림없어요."

대장이 물었다.

"곳간에서? 너희도 그 곳에 같이 있었단 말이냐?"

* 삼베옷

삼국 시대 병사들은 군역(의무적으로 군대에 가는 것)을 할 때 옷도 자기가 마련해야 했다. 가난한 백성들은 주로 삼베옷을 입었다. '삼'이라는 식물의 껍질로 실을 뽑아 지은 삼베옷은 여름에는 바람이 잘 통해 시원했지만 겨울에는 몹시 추웠다. 가난한 백성들은 귀족들처럼 짐승 털이나 가죽으로 만든 따뜻한 옷이 없었기 때문에, 얇은 삼베옷을 여러 벌 껴입었다.

준호는 뜨끔했다. 남의 곳간에 대체 무슨 일로 갔느냐고 물으면 뭐라고 대답해야 할까? 하지만 이미 민호와 수진이 "네!" 하고 우렁차게 대답하고 있었다.

그때 병사 하나가 앞으로 나서더니, 사내의 옷을 찬찬히 살펴보았다. 그러고는 옆에 있던 병사의 팔을 툭 치며 물었다.

"저거 자네 옷 아닌가? 흙이 덕지덕지 묻은 것하며 옷자락이 찢어진 것하며, 영락없는 자네 삼베옷* 같구먼."

그러자 옆에 있던 병사가 눈을 둥그렇게 뜨고 말했다.

"뭐? 내 옷이라고?"

그러고는 사내가 입고 있는 옷을 빤히 바라보았다. 엊그제 거란족*과 씨름을 하다가, 잿빛에 가까울 만큼 흙이 많

---

* 거란족
거란족은 내몽골의 염수(지금의 시라무렌 강) 부근에 살던 유목 민족으로 광개토 대왕 때 고구려에 정복되기도 했다. 8부족이 연맹을 이루어 세력을 다투다가 통일을 이루어 요나라를 세웠다. 통일 신라 말기에는 요나라는 발해를 침략해 멸망시켰다. 고려도 세 차례 요나라의 침략을 받았다.

이 묻고 옷자락이 찢어졌던 그 옷이 눈앞에 있었다.

두 병사는 날카롭게 눈을 빛내며 사내를 보았다.

"아니, 누굴 도둑놈으로 아나……. 이거, 원……."

사내가 당황해서 중얼거리자 옷 주인이 소리쳤다.

"맞아, 이건 내 옷이오!"

수색대 병사들이 술렁거렸다.

옷 주인이 말했다.

"어제 하도 더러워서 빨려고 내놓았는데……. 여기 옷자락이 찢어진 걸 보니, 내 옷이 틀림없소."

병사들이 더 크게 술렁였다.

대장이 물었다.

"틀림없느냐?"

옷 주인은 그렇다고 대답했다. 친구도 거들었다.

"저 찢어진 거며 흙이 잔뜩 묻은 것이, 이 친구 옷이 틀림없습니다요!"

대장이 사내에게 호통을 쳤다.

"네 이놈! 어디서 감히 거짓말을 둘러대느냐!"

사내는 초조한 듯 눈을 굴리며 얼굴을 붉혔다.

"물을 길러 가려던 놈이, 대체 무엇 때문에 남의 옷을 입고 있는지 어서 말을 해 보아라!"

사내는 아무 말도 못하고 고개를 푹 떨어뜨렸다.

대장이 명령했다.

"뭐하느냐! 저놈을 당장 끌고 가거라! 그리고 같이 침투한 놈이 있는지, 철저히 알아내라!"

몇몇 병사들이 달려들어 사내를 붙잡았다. 사내는 끌려가지 않으려고 몸부림을 쳤지만, 어쩔 수가 없었다.

사내가 끌려가자 대장이 남은 병사들에게 명령했다.

"너희는 여기 남아서 수상한 자가 더 있는지 철저히 수색해라. 나는 백두님께 가서 보고를 드릴 것이다. 이웃 성과 욕살님께도 전령을 보내야 할 터이니 서둘러야 한다. 어서 움직여라!"

그때였다. 준호의 가방에 있던 두루마리가 꿈틀거렸다. 민호의 주머니에서도 모래시계가 꿈틀댔지만, 민호는 흥분해서 미처 알아차리지 못했다.

준호가 대장에게 말했다.

"대장님, 우리도 이제 집에 가야 돼요. 부모님이 기다리세요!"

그러고는 허겁지겁 민호와 수진의 등을 떠밀며 전나무 숲 밖으로 걸음을 뗐다.

대장이 소리쳤다.

"얘들아, 잠깐만! 그런데 너희는 뉘 집 아이들이냐?"

민호가 달려가며 소리쳤다.

"저 아래 개똥이네요! 안녕히 계세요, 아저씨!"

아이들은 뒤도 돌아보지 않고 갈림길을 빠져나가 산 밑으로 내달렸다. 벌써 날이 많이 저물어 아까보다 쌀쌀한 가을바람이 얼굴을 때렸다. 아이들은 으슬으슬 한기를 느끼며 어두워진 숲길을 달렸다.

수진이 달려가며 말했다.

"아 참, 이 옷!"

순간 준호도 멈칫했다. 백제에서 그랬듯이, 옷이 없어진 것을 알면 주인이 몹시 화를 내고 속상해할 것 같았다. 더구나 이렇게 추운 곳에서는 비록 때에 절고 냄새나는 옷이라 해도 추위를 막아 주는 귀하디귀한 옷일 것이다.

아이들은 인적이 드문 계곡 부근에서 잠시 달리기를 멈추고 부랴부랴 옷을 벗었다.

그와 동시에 준호의 가방에 있던 두루마리가 빠져나와 허공으로 두둥실 떠올랐다. 잇달아 민호의 주머니에서 나온 모래시계가 두루마리로 쌩 하고 날아가더니, 어둠이 내린 숲길에 눈부신 푸른빛을 내뿜었다.

다음 순간 셋은 비명을 지르며 홀연히 사라졌다.

10. 가시지 않는 여운

지하실의 공기는 여전히 눅눅하고 매캐했다. 셋은 흥분에 휩싸여 지하실 공기를 들이마셨다. 풀 냄새, 바람 냄새가 사라진 자리에 오래된 종이 냄새가 가득했다.

"돌아왔네."

아이들은 아쉬운 듯 한숨을 내쉬었다. 고구려 산성에서 첩자의 뒤를 쫓던 일이며, 병사들이 몰려와 첩자를 생포하던 일이 아직도 생생했다. 눈을 감으면 금방이라도 첩자가 달려들 것만 같았다.

수진은 공포감과 통쾌함을 동시에 느끼며 "아흐!" 하고 몸서리를 쳤다.

민호도 기쁨에 들떠 소리쳤다.

"우리가 첩자를 잡다니! 끝내줬어!"

민호는 좀처럼 흥분이 가시지 않는 듯 고함을 질러 대며 말했다.

"아까 조금만 늦었어도 형이랑 수진이랑 큰일 날 뻔했어! 내가 병사들을 빨리 데려가지 않았으면, 첩자가 무슨 짓을 했을지 몰라!"

그 말에 수진도 고개를 끄덕였다.

"그래, 큰일 날 뻔했어! 잘했어, 정말!"

민호는 웬일로 수진이 자신을 칭찬하나 싶으면서도 기분이 좋아서 하하하 하고 소리 내어 웃었다.

준호가 수진을 바라보며 말했다.

"어휴, 아까 네가 소리칠 땐 정말 깜짝 놀랐어. 너, 진짜 못 말리겠더라. 어떻게 거기서 소리를 지를 수가 있냐? 덕분에 첩자를 잡긴 했지만."

수진은 쑥스러우면서도 기분이 좋아 생긋 웃었다.

민호도 한마디 했다.

"맞아, 그리고 찢어진 옷도! 찢어진 옷 얘기하니까, 첩자가 꼼짝 못하는 거 봤지? 첩자가 딱 잡아뗄 땐 너무 답답했는데, 네가 그 이야기 하니까 너무 통쾌하더라!"

갑자기 분위기가 화기애애해지자 수진은 어쩔 줄 몰랐다. 준호는 그렇다 치고 민호까지 칭찬을 하다니, 조금 머쓱했다.

민호가 아쉬운 듯 말했다.

"나, 말도 타 보고 싶었는데! 봉화도 올려 보고!"

준호가 정색을 했다.

"큰일 날 소리! 만약 봉화를 올렸으면, 진짜 큰 난리가 난 줄 알고 군대가 몰려왔을 거야!"

"왜?"

민호가 호기심에 차서 묻자 준호가 진지하게 대답했다.

"봉화는 비상 통신 수단이거든. 함부로 올리는 게 아냐. 적이 쳐들어와서 전쟁이 나거나 할 때 올리는 거야. 그러니 함부로 봉화를 올렸다가는……."

민호가 우헤헤 웃음을 터뜨리며 준호를 탁 쳤다.

"농담이야, 형! 내가 봉화를 어떻게 올릴 수 있었겠어? 우린 첩자를 잡아야 했잖아, 용감하게!"

수진도 "맞아!" 하고 맞장구를 치며 구석에 떨어져 있던 두루마리를 주워 들었다. 얌전히 말려 있는 두루마리가 마법의 여행이 끝났음을 알려 주고 있었다.

수진은 흥분을 느끼며 준호에게 물었다.

"오빠, 이거 저기다 갖다 놓으면 되는 거지?"

준호가 고개를 끄덕이며 책장으로 다가갔다. 이제 민호도 수진이 두루마리를 만지는 것에 대해 이러쿵저러쿵하지 않았다.

"왼쪽 맨 끝에 두면 돼."

책장 끝에는 준호가 정리해 둔 두루마리 여섯 개가 가지런히 놓여 있었다. 수진이 그 여섯 개의 두루마리 옆에 새 두루마리를 올려놓으며 물었다.

"두루마리가 여섯 개인 걸 보니, 지금까지 여섯 번 과거로 갔다 왔나 보다. 그럼 이번이 일곱 번째네?"

민호가 잘난 척을 했다.

"응, 석기 시대도 갔다 오고, 고려의 아라비아 상인도 만났어. 또 이순신 장군이랑 거북선도 봤고. 아 참, 그 애도 만났다!"

"그 애?"

수진이 묻자 준호가 대꾸했다.

"응, 사도 세자의 아들. 나중에 정조 임금이 되는 아이를 만났어. 네 번째 여행 때였지."

준호는 그렇게 말하고 책상 서랍에서 작은 공책을 꺼내 보여 주었다. 그 공책에는 준호가 이제껏 다녀온 곳들과 마법의 두루마리로 여행하면서 느꼈던 것들이 깨알같이 적혀 있었다.

"우와! 언제 이런 걸 적어 뒀어?"

민호가 공책을 들여다보며 감탄했다.

"그럼 여기에 아까 내가 말한 것도 적겠네?"

수진이 생긋거리며 말하자 준호도 웃으며 고개를 끄덕였다.

"그게 뭔데?"

민호가 묻자 준호가 대답했다.

"할아버지는 어디로 사라졌을까? 혹시 과거로 갔다가

돌아오지 못한 건 아닐까?"

수진이 덧붙였다.

"또 있어. '골방 문손잡이와 할아버지의 지팡이, 두루마리의 팻말에 새겨진 용머리 모양에는 어떤 비밀이 숨어 있을까?'"

그 말을 듣는 순간 준호는 궁금증이 생겼다.

"그 용머리 모양이 새겨진 지팡이 말이야, 우리 집 현관에서 봤다고 했지?"

수진이 "응." 하고 고개를 끄덕였다.

"그렇다면 그 지팡이는 지금 어디에 있을까? 우리 집 현관에는 그런 게 없거든. 이사 올 때부터 없었어."

준호의 말에 민호도 고개를 끄덕였다.

"맞아, 이사 올 때도 없었어."

준호는 마음속으로 생각했다.

'그럼 그 할아버지가 갖고 간 걸까? 어쩌면 지팡이도 두루마리처럼 마법의 힘을 지니고 있는지 몰라. 그 할아버

지가 사라진 것과 지팡이가 무슨 상관이 있는 게 아닐까?'

준호는 지팡이를 한번 찾아봐야겠다고 생각했다.

 준호의 역사 노트

과거 여행을 다녀온 뒤, 역사 박사 준호는 도서관과 아빠의 서재를 들락거리며 고구려 산성 연구에 몰두했다. 준호는 무엇을 알아냈을까?

산성의 나라, 고구려

압록강 부근의 졸본에서 일어난 고구려는 일찍부터 북쪽으로 영토를 확장하고, 주요한 곳에 성을 쌓아 영토를 굳게 지켰다. 지리와 군사의 요충지인 큰 성 주위에는 길목마다 작은 성을 쌓아 큰 성을 방어했다. 또 위기가 닥치면 봉화를 올리거나 전령을 보내는 등 서로 긴밀하게 연락을 주고받으며 적을 물리쳤다. 고구려의 성은 지금까지 발견된 것만도 170개가 넘는데, 국토의 대부분이 산악 지대라서 산성이 많다. 평지성은 수도였던 국내성과 국경 방어의 중심이었던 요동성 등 몇몇 성뿐이었다. 높은 곳에 위치한 산성은 방어에 유리해서 천연의 요새 역할을 했다.

산성의 성벽 고구려 산성은 험준한 산등성이나 절벽을 따라 성벽을 쌓았기 때문에 적이 쉽게 접근할 수 없었다. 반면에 고구려군은 높은 산에서 적을 내려다보며 싸우게 되어 적을 공격하고 성을 방어하기 쉬웠다. 고구려는 이러한 산성으로 국경 지대에 방어막을 구축했다.

▶ 고구려의 첫 수도 졸본에 있는 오녀산성

요동성 일대 고구려는 광개토 대왕 때 요동 일대를 차지한 뒤, 길목마다 성을 쌓아 국경을 방어했다. 요동성은 그 중심에 있던 성으로, 고구려를 지키는 최전방의 요새 역할을 했다.

국내성 일대 국내성은 고구려의 두 번째 수도였던 도성으로 왕과 귀족들이 살았고 행정, 군사, 경제의 중심지였다. 고구려는 도읍을 세울 때 평지성과 산성을 함께 쌓았다. 국내성에는 방어용 산성인 환도산성이 있었다. 적이 쳐들어오면 고구려인들은 평지성인 국내성을 버리고 환도산성으로 올라가 맞서 싸웠다. 망파령차단성과 관마장차단성은 국내성을 방어하기 위해 협곡에 쌓은 성곽으로, 적의 진입을 막는 역할을 했다.

고구려 산성은 어떤 모습일까?

고구려 산성은 험한 산에 쌓았기 때문에 적군이 쉽게 접근할 수 없었다. 고구려인들은 성안에 다양한 군사 시설을 갖추고 물과 식량, 무기 등을 확보해 적이 물러갈 때까지 버티며 맞섰다. 또한 적이 쳐들어오면 들판의 곡식을 모두 불태워 적이 먹을 식량을 없애 버리고, 산성으로 올라가서 전투를 벌였다. 이것을 청야(들판을 비운다는 뜻) 전술이라고 하는데, 산성, 활과 함께 고구려 전투 전략의 3대 요소로 꼽힌다.

성벽과 성문

- **성문** 성의 입구. 대부분 2층으로 되어 있고, 위층에서 적의 동태를 살폈다.
- **옹성** 성문 밖에 항아리나 갈고리 모양으로 쌓은 성벽으로, 성문을 공격하는 적을 에워싸고 무찌르게 해 주었다.
- **치** 성벽에 기어오르는 적을 쏘기 위해, 성벽 밖으로 튀어나오게 쌓았다.
- **망루** 성벽의 모서리 부분에 설치한다. 보조로 전투를 지휘하는 장소였다.
- **성가퀴** 성벽이나 치 위에 설치한 사격대로, 병사들이 몸을 숨기고 성에 접근하는 적들을 쏘았다.
- **해자** 적이 쉽게 접근하지 못하게 성 주위에 파 놓은 못. 주변에 해자 역할을 하는 강을 둔 성도 있었지만, 평지성의 경우에는 성벽 밖에 해자를 파고 물을 채우기도 했다.

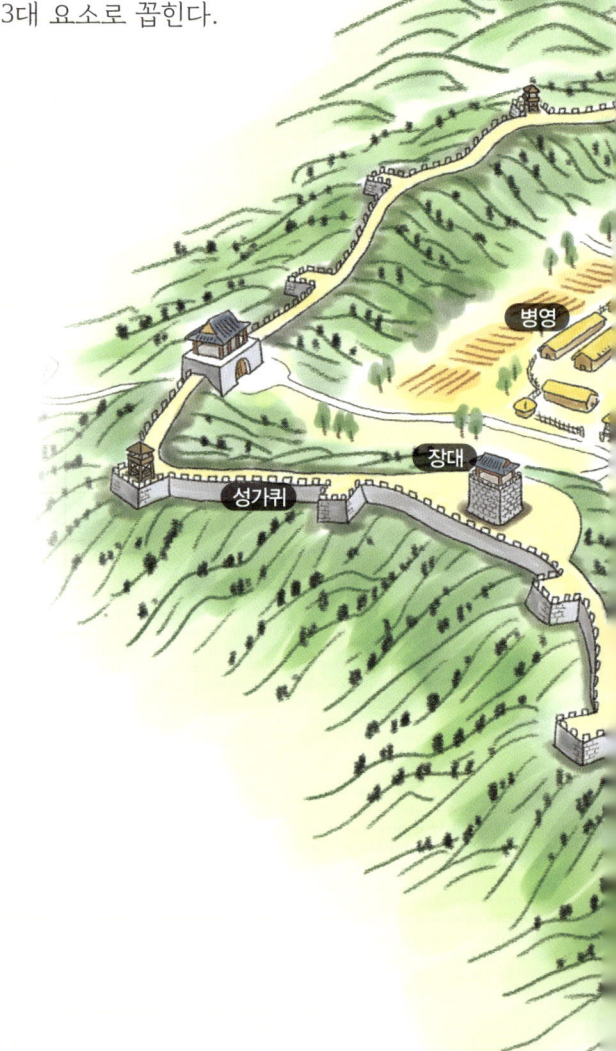

성 내부 시설물

장대 대장이 전투를 지휘하는 곳. 성 안팎을 두루 볼 수 있는 높은 곳에 있다.
천단 고구려의 시조인 동명왕(주몽)을 모시던 제단.
봉수대 성의 높은 곳에 설치하여, 적이 쳐들어오면 봉수(봉화)를 올려 이웃 성에 알렸다.
우물 물이 샘솟는 곳에 파 두었다. 산성에는 반드시 우물이나 샘이 있어야 한다.
병영 병사들이 지내는 곳으로, 평평한 곳에 설치했다.
부경 식량 창고. 적의 침입에 대비하여 평소에 식량을 비축해 두었다.
대장간 무기나 농기구를 만들고 수리하는 곳.
밭 산골에서 잘 자라는 콩이나 좁쌀 등을 길러 식량을 확보했다.
주거지 산성 안에서 사는 백성들의 집. 더러는 지방 행정 관청이나 지방관의 처소도 있었다.

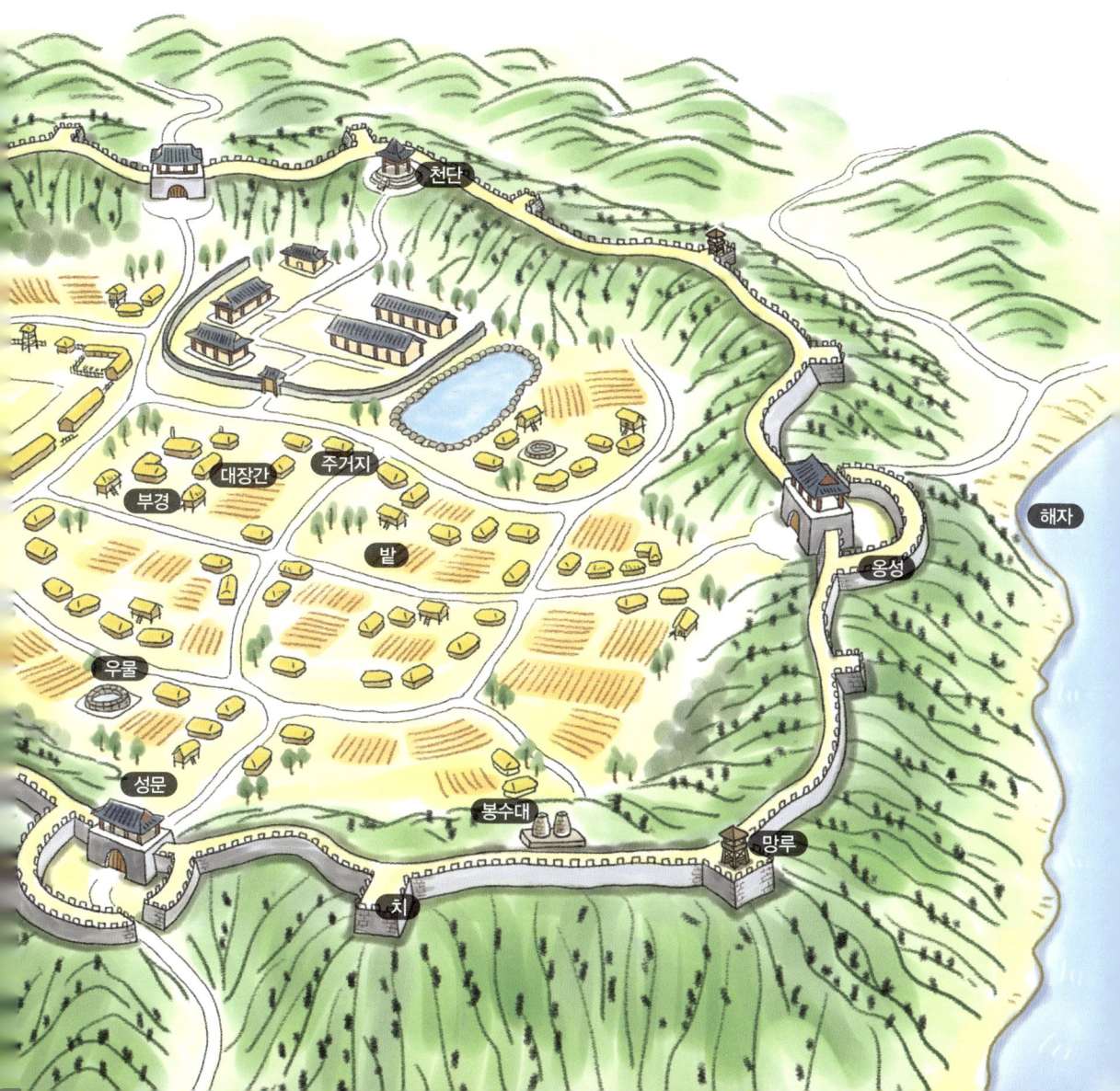

고구려 국경 수비대는 어떻게 나라를 지켰을까?

고구려는 건국 초부터 이웃 나라들과 자주 전투를 벌였다. 산악 지대가 많아 이웃 나라를 공격하여 모자라는 식량을 보충했고, 또 중국의 왕조들과 북방 유목 민족들이 걸핏하면 고구려를 쳐들어왔기 때문이다. 고구려 사람들은 어릴 때부터 활쏘기, 돌싸움 등을 통해 무예를 익혔으며, 남자들은 어른이 되면 군대에 들어가 나라를 지켰다. 고구려군은 크게 육군과 수군으로 나뉘었는데, 육군은 다시 보병과 말을 타고 싸우는 기병으로 나뉘었다.

고구려의 군사와 무기

보병
고구려의 주력 부대인 보병은 짧은 창, 칼, 도끼, 활 등을 들고 싸웠다. 특히 궁수들은 주몽의 후예답게 활 솜씨가 좋아 전투를 승리로 이끌었다.

기병
쇠못 신발을 신고, 긴 창을 들고 싸웠다. 신분이 높은 기병은 비늘 갑옷(작은 쇳조각을 물고기 비늘처럼 이어 붙여 만든 갑옷)과 투구를 썼으며, 말에게도 비늘 갑옷을 씌웠다.

무용총 수렵도

고구려는 수렵(사냥)을 통해 군사 훈련을 했다. 수렵 행사는 건국 초기부터 열렸는데, 국내성에서 평양으로 도읍을 옮기고 나서는 봄가을마다 정기적으로 열렸다. 고구려 고분 벽화의 수렵도를 보면, 귀족들은 평소에도 수렵을 통해 말타기와 활쏘기 솜씨를 갈고 닦았음을 알 수 있었다. 백성들도 어릴 때부터 말타기와 활쏘기를 배웠다.

안악3호분의 행렬도

고구려 고분 벽화에 그려져 있는 군대의 정렬 모습이다. 좌우에 기병이 서고 그 안에 보병이 줄지어 서 있다. 보병이 기병보다 많다.

고구려의 영토는 얼마나 넓었을까?

고구려는 일찍부터 주변 지역을 정복하며 영토를 넓혀 나갔다. 특히 중국이 여러 나라로 분열된 시기에 이들을 각각 물리치고 광활한 영토를 차지하며 동아시아의 강대국으로 발돋움했다.

4세기 초 미천왕 때는 낙랑군을 점령해 중국 세력을 몰아내고 고조선의 옛 땅을 되찾았으며, 광개토 대왕 때는 한강 이북에서 만주의 요동 평원까지 점령하여 영토를 크게 넓혔다. 광개토 대왕의 뒤를 이은 장수왕 때는 백제 땅이던 한강 유역까지 진출했다.

광개토 대왕릉비
중국 지린성 지안현에 있는 광개토 대왕릉비. 414년 아들인 장수왕이 세운 비석으로 광개토 대왕의 업적이 새겨져 있으며, 당시 고구려의 영토가 얼마나 넓었는지 알려 주는 중요한 유적이다. 광개토 대왕은 원래는 '영락왕'이었으나, 영토를 넓힌 업적을 기려 죽은 뒤에 '광개토 대왕(영토를 크게 넓힌 위대한 왕)'으로 불렸다.

다양한 민족의 나라, 고구려
일찍부터 북방으로 진출한 고구려는 정복으로 얻은 넓은 영토에서 같은 족속인 예맥족의 여러 집단과 함께 말갈, 거란, 한족 등 다양한 민족이 한데 어울려 살았다. 고구려 고분 벽화인 각저총의 각저도에는 서역에서 온 씨름꾼의 모습이 그려져 있다.

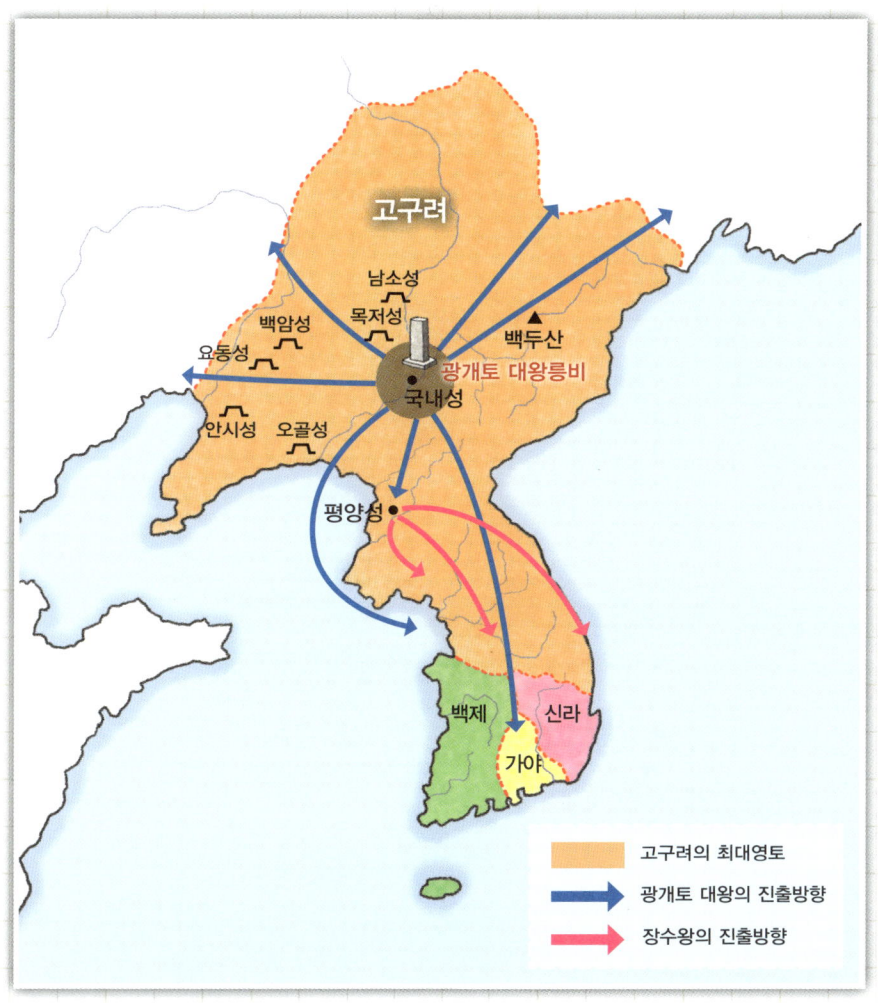

고구려 전성기의 한반도 지도

광개토 대왕과 장수왕이 다스리던 5세기는 고구려의 영토가 가장 넓었던 시기로, 당시 고구려는 동북아시아에서 가장 강한 나라였다.

사진 자료제공

65p **백암성** 동북아역사재단

134p **오녀산성** 동북아역사재단

139p **무용총 수렵도** 동북아역사재단

139p **안악3호분의 행렬도** 동북아역사재단

p140 **광개토 대왕릉비** 국립중앙박물관

p140 **정기환필 각저총 각저도** 국립중앙박물관

마법의 두루마리 7
고구려 국경 수비대의 첩자를 찾아라!

ⓒ 강무홍, 김종범, 2024

1판 1쇄 펴낸날 2024년 4월 29일
글 강무홍 **그림** 김종범 **감수** 여호규
편집 우순교 **디자인** 박정아
펴낸이 강무홍 **펴낸곳** 햇살과나무꾼
등록 2009년 07월 08일(제313-2004-54)
주소 서울시 영등포구 당산로54길 11 상가 305호
전화 02-324-9704
전자우편 namukun@namukun.com
ISBN 979-11-976957-9-7(73810)

* 신저작권법에 따라 한국 내에서 보호를 받는 저작물이므로 무단 전재와 무단 복제를 금합니다.